Fleischermeister Tom Nagel

Altdeutsche Wurstrezepte

Impressum

Autor: Tom Nagel

Text und Rezepte: Tom Nagel

Herausgeber: Peggy Triegel - Verlag
Bauernende 5
39164 Wanzleben
Tel.: 0178 - 1810398
E-mail: triegel-verlag@gmx.de

Satz und Gestaltung: Katja von Roschinsky

Druck: Druckerei / KOPA, druckerei-kopa.de

ISBN: 978-3-9818777-5-5

Ausgabe 2021

1. Auflage

Kontakt: Peggy Triegel - Verlag, Bauernende 5, 39164 Wanzleben-Börde

Fleischermeister Tom Nagel

Altdeutsche Wurstrezepte

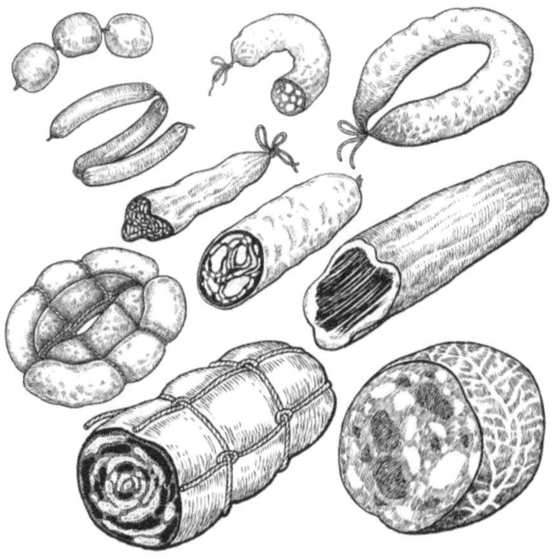

Autorenporträt

Tom Nagel wurde 1969 in Thüringen geboren und entdeckte schon frühzeitig seine Leidenschaft für Fleisch und Wurst.

Deshalb kam für ihn auch nur eine berufliche Tätigkeit in Frage, die den professionellen Umgang mit Fleisch beinhaltet.

Zunächst absolvierte er eine Ausbildung im Fleischerhandwerk, legte dann erfolgreich seine Gesellenprüfung ab und qualifizierte sich anschließend zum Fleischermeister weiter.

Heute lebt Tom Nagel mit seiner Familie in Bayern, betreibt dort eine Metzgerei und unterstützt zusätzlich seine Frau bei der Umsetzung neuer kulinarischer Ideen für ihren Partyservice.

Vorwort

Wenn die Wurst und der Schinken vom Discounter mal wieder allzu perfekt aussehen, aber letztendlich doch nur eintönig und fade schmecken, wünschen sich die meisten von Ihnen mit Sicherheit die hausgemachte Wurst und das Raucharoma des Schinkens von früher zurück.

Aber es muss nicht nur bei dem Wunsch bleiben. Den Geschmack von früher können Sie sich doch ganz einfach zurückholen…

Ich werde Ihnen dabei helfen!

Auf den folgenden Seiten erkläre und zeige ich Ihnen, wie sie ihre Lieblingswurst und ihren Lieblingsschinken ganz leicht selber herstellen können.
Mit genau denselben Zutaten und Gewürzen wie früher.

Und Sie werden merken, dass es mit dem richtigen Wissen und der Lust zum Ausprobieren, gar nicht so schwer ist.

Dabei verwende ich natürlich nur altbewährte, überlieferte und authentische Rezepte.

Also, worauf warten Sie noch?

Sie werden vom Geschmack und Aroma ihrer selbst hergestellten Produkte begeistert sein.

Tom Nagel

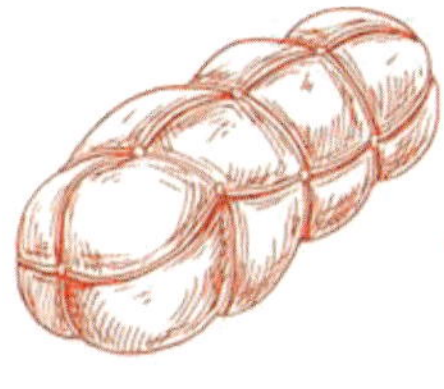

Inhaltsübersicht

Inhaltsübersicht

Inhaltsübersicht

Inhaltsübersicht

Woraus die Wurst besteht

Schätzungsweise 1.500 Wurstsorten gibt es in Deutschland, von denen aber viele nur regional hergestellt werden.

Wegen dieser Sortenvielfalt und vor allem wegen ihrer hohen Qualität ist deutsche Wurst im In- und Ausland sehr beliebt.

Klassischerweise besteht Wurst aus zerkleinertem Fleisch und Fett, das mit Salz und verschiedenen Gewürzen vermischt wird. Diese Masse nennt man „Brät“.

Bei verschiedenen Brühwurstsorten wird außerdem Eis zugegeben und bei einigen Kochwurstsorten Blut und Innereien.

Das zerkleinerte und vermischte „Brät“ wird anschließend in Naturdärme, künstliche Wursthüllen oder Gläser gefüllt und dann gekocht, gebrüht, getrocknet oder geräuchert.

Je nach ihrer Herstellungsweise werden die verschiedenen Wurstarten in Kochwürste, Brühwürste und Rohwürste unterteilt.

Kochwürste

Kochwürste sind streichfähige und schnittfeste Würste, deren Ausgangsmaterial vor der Verarbeitung gekocht, gegart oder gebrüht wurde.
Nur die Zugabe von Leber und Blut erfolgt meist in roher Form.

Zu den Kochwürsten gehören:

- Leberwürste
- Blutwürste
- Sülzwürste und Sülzen

Leberwürste

Die Herstellung von Leberwürsten

Ihren charakteristischen Geschmack bekommt die Leberwurst durch die Zugabe von Leber. Um eine geschmacklich gute Wurst zu erhalten, sollte der Leberanteil 10% bis 30% der Gesamtmasse betragen.

Wegen ihres herben Geschmacks würde ich die Verwendung von Rinderleber nicht empfehlen.

Am besten eignet sich Schweineleber, aber natürlich kann auch die Leber vom Kalb, Geflügel oder von Wildtieren verwendet werden.

Leberwürste

Die Leber vorbereiten

Damit die fertige Leberwurst keinen unangenehmen Geschmack bekommt, muss die Leber entsprechend vorbereitet werden. Dafür spült man sie gründlich unter fließendem kalten Wasser ab und schneidet eventuell vorhandenen Knorpel und Blutgefäße heraus.

Bei der Verwendung von Rinderleber muss zusätzlich die dünne Haut entfernt werden.

Anschließend wird die Leber in dünne Scheiben geschnitten und dann entweder roh oder gebrüht weiterverarbeitet.

Gebrüht wird die Leber aber nur dann, wenn die fertige Wurst eine ganz helle Farbe erhalten soll. Zum Brühen gibt man die Leberscheiben in ein Sieb, übergießt sie ganz kurz mit kochendem Wasser und kühlt sie dann sofort mit kaltem Wasser ab.

Fleisch und Fett vorbereiten

Für die Herstellung von Leberwurst wird meist Nacken- und Schulterfleisch vom Schwein verwendet sowie weiches und schmalziges Schweinefett. Hierzu zählen Schweinebacken, Rückenspeck vom Schwein und fetter Schweinebauch.

Bevor das Fleisch und Fett zur Leberwurst verarbeitet werden kann, muss es vorgekocht werden. Hierfür gibt man es erst 5 Minuten in kochendes Wasser und lässt es dann solange in ca. 90°C heißem Wasser ziehen, bis eine Kerntemperatur von 65°C erreicht ist.

Das Material im Wolf zerkleinern und abfüllen

Nach dem Vorkochen werden Fleisch und Fett durch den Wolf gelassen. Soll eine grobe Leberwurstsorte hergestellt werden wird einmal gewolft und bei feinen Sorten zweimal.

Danach gibt man die abgewogenen Gewürze dazu und vermengt alles bis zur gewünschten Konsistenz.

Anschließend wird die Leberwurstmasse in Schweinekrausen, Rinderkranz- oder Rindermitteldärme gefüllt. Bei einigen Leberwurstsorten kommen auch Schweinefettenden, Schweineblasen oder Rinderbutten als natürliche Wursthüllen zum Einsatz.

Alle Naturdärme dürfen nicht zu fest gefüllt werden, da sie sich beim anschließenden Kochen stark zusammenziehen und sonst platzen können.

Leberwürste

Kochen und Garen der Leberwürste

Anschließend bindet man Würste oder Wurstringe in der gewünschten Länge ab und gibt sie dann sofort ins kochende Wasser des Kessels.

Nach 10 Minuten Kochzeit wird die Kesseltemperatur durch die Zugabe von etwas kaltem Wasser auf 80°C abgesenkt und die Leberwürste unter Beibehaltung dieser Temperatur fertig gegart.

Damit sich das Fett beim Garen gleichmäßig in den Würsten verteilt und sie eine schöne pralle Form bekommen, sollten man sie dabei mehrfach im Kessel wenden.

Wie lange die Würste gegart werden müssen richtet sich nach dem Durchmesser (Kaliber) der verwendeten Därme. Je Millimeter Durchmesser rechnet man ca. eine Minute Garzeit.

Wer ganz genau feststellen möchte wann seine Leberwürste gar sind, kann natürlich auch ein Fleischthermometer verwenden. Haben die Leberwürste beim Hineinstechen eine Kerntemperatur von 70°C, sind sie gar.

Kühlen und Räuchern der Würste

Nach dem Garen werden die Leberwürste aus dem Kessel genommen und zum Abkühlen zunächst in lauwarmes Wasser gelegt.

Dann gibt man nach und nach so viel kaltes Wasser dazu, bis die Würste völlig ausgekühlt sind und reibt sie danach mit Küchenpapier oder einem sauberen Tuch ab.

Anschließend hängt man die Leberwürste ca. 12 Stunden zum Trocknen in einen kühlen, luftigen Raum und räuchert sie dann, je nach Rezept, 4 - 8 Stunden im Kaltrauch.

Das Material vorgaren…

…und ebenso wie die rohe Leber durch den Wolf lassen.

Die Gewürze zugeben und alles gut vermengen.

Die Masse in Rinderkranzdärme füllen…

Und die einzelne Ringe im Kochkessel fertig garen.

Nach dem Trocknen die Leberwürste kalt räuchern.

Bauernleberwurst

Material für 2,5 kg Bauernlerwurst

- 0,75 kg Schweinebauch, vorgegart
- 0,75 kg Schweineleber, roh
- 0,50 kg Schweineschulter, vorgegart
- 0,50 kg Schweinekopffleisch, vorgegart

Gewürze und Zutaten

- 55 g Salz
- 5,0 g Pfeffer, gemahlen
- 1,25 g Majoran, gemahlen
- 0,75 g Ingwer, gemahlen
- 0,5 g Nelken, gemahlen
- 80 g Zwiebeln, gedünstet

Zubereitung:

1. Die in Scheiben geschnittene Leber zusammen mit den gedünsteten Zwiebeln durch die 2mm - Scheibe und das in Stücke geschnittene restliche Material nacheinander durch die 8mm - Scheibe des Wolfes lassen.

2. Die Gewürze und Zutaten zugeben, alles gut miteinander vermengen und die Masse in Schweinefettenden füllen.

3. Die abgebundenen Würste dann 10 Minuten ins kochende Wasser des Kessels geben und danach 45 - 60 Minuten in 80°C heißem Wasser fertig garen. Dabei rechnet man je Millimeter Darmdurchmesser eine Minute Garzeit.

4. Damit sich das Fett gut verteilt und die Würste eine schöne pralle Form erhalten, sollte man sie während des Garens mehrfach wenden.

5. Danach werden sie zuerst in lauwarmes Wasser gelegt und dann unter Zugabe von kaltem Wasser abgekühlt.

6. Anschließend hängt man die Bauernleberwürste ca. 12 Stunden zum Trocknen in einen kühlen, luftigen Raum und räuchert sie dann bei einer Temperatur von 20°C kalt.

7. Die Räucherdauer beträgt, je nach Geschmack, 4 - 8 Stunden.

Delikateß - Leberwurst

Material für 2,5 kg Delikateß - Leberwurst

- 0,85 kg Schweinebacken, vorgegart
- 0,75 kg Schweineleber, roh
- 0,45 kg Schweineschulter, vorgegart
- 0,45 kg Schweinenacken, vorgegart

Gewürze und Zutaten

- 55 g Salz
- 5,0 g Pfeffer, gemahlen
- 1,3 g Thymian, gemahlen
- 1,3 g Ingwer, gemahlen
- 1,3 g Macis, gemahlen
- 1,3 g Muskatnuss, gemahlen
- 0,5 g Nelken, gemahlen
- 0,3 g Zimt, gemahlen
- 40 g Zwiebeln, gedünstet

Zubereitung:

1. Die in Scheiben geschnittene Leber zusammen mit den gedünsteten Zwiebeln zweimal und das in Stücke geschnittene restliche Material nacheinander einmal durch die 2mm - Scheibe wolfen.
2. Die Gewürze und Zutaten zugeben, alles gut miteinander vermengen und die Masse in Rindermitteldärme füllen.
3. Die in der gewünschten Länge abgebundenen Würste dann 10 Minuten ins kochende Kesselwasser geben und danach 60 - 75 Minuten in 80°C heißem Wasser fertig garen. Dabei rechet man je Millimeter Darmdurchmesser eine Minute Garzeit.
4. Damit sich das Fett gut verteilt und die Würste eine schöne pralle Form erhalten, sollte man sie während des Garens mehrfach wenden.
5. Danach werden sie zuerst in lauwarmes Wasser gelegt und dann unter Zugabe von kaltem Wasser abgekühlt.
6. Anschließend hängt man die Delikateß - Leberwürste ca. 12 Stunden zum Trocknen in einen kühlen, luftigen Raum und räuchert sie dann bei einer Temperatur von 20°C kalt.
7. Die Räucherdauer beträgt, je nach Geschmack, 4 - 8 Stunden.

Hausmacherleberwurst

Material für 2,5 kg Hausmacherleberwurst

- 0,75 kg Schweinenacken, vorgegart
- 0,75 kg Schweineleber, roh
- 0,50 kg Schweinebacken, vorgegart
- 0,50 kg fetter Schweinebauch, vorgegart

Gewürze und Zutaten

- 50 g Salz
- 5,0 g Pfeffer, gemahlen
- 1,25 g Kardamom, gemahlen
- 1,25 g Ingwer, gemahlen
- 0,75 g Macis, gemahlen
- 0,50 g Nelken, gemahlen
- 60 g Zwiebeln, gedünstet

Zubereitung:

1. Die in Scheiben geschnittene Leber zusammen mit den gedünsteten Zwiebeln durch die 2mm - Scheibe und das in Stücke geschnittene restliche Material nacheinander durch die 4mm - Scheibe wolfen.

2. Die Gewürze und Zutaten zugeben, alles gut miteinander vermengen und die Masse in Rindermitteldärme füllen.

3. Die in der gewünschten Länge abgebundenen Würste dann 10 Minuten ins kochende Wasser des Kessels geben und danach 60 - 75 Minuten in 80°C heißem Wasser fertig garen. Dabei rechet man je Millimeter Darmdurchmesser eine Minute Garzeit.

4. Damit sich das Fett gut verteilt und die Würste eine schöne pralle Form erhalten, sollte man sie während des Garens mehrfach wenden.

5. Danach werden sie zuerst in lauwarmes Wasser gelegt und dann unter Zugabe von kaltem Wasser abgekühlt.

6. Anschließend hängt man die Hausmacherleberwürste ca. 12 Stunden zum Trocknen in einen kühlen, luftigen Raum und räuchert sie dann bei einer Temperatur von 20°C kalt.

7. Die Räucherdauer beträgt, je nach Geschmack, 4 - 8 Stunden.

Gutsleberwurst

Material für 2,5 kg Gutsleberwurst

- 0,90 kg Schweinebacken, vorgegart
- 0,70 kg Schweineleber, roh
- 0,50 kg magerer Schweinebauch, vorgegart
- 0,40 kg Schweineschulter, vorgegart

Gewürze und Zutaten

- 55 g Salz
- 3,0 g weißer Pfeffer, gemahlen
- 3,0 g Majoran, gemahlen
- 2,0 g Piment, gemahlen
- 1,5 g Nelken, gemahlen
- 1,5 g Macis, gemahlen

Zubereitung:

1. Die in Scheiben geschnittene Leber durch die 2mm - Scheibe und das in Stücke geschnittene restliche Material nacheinander durch die 8mm - Scheibe des Wolfes lassen.

2. Die Gewürze und Zutaten zugeben, alles gut miteinander vermengen und die Masse in Schweinefettenden füllen.

3. Die in der gewünschten Länge abgebundenen Würste dann 10 Minuten ins kochende Wasser des Kessels geben und danach 45 - 60 Minuten in 80°C heißem Wasser fertig garen. Dabei rechnet man je Millimeter Darmdurchmesser eine Minute Garzeit.

4. Damit sich das Fett gut verteilt und die Würste eine schöne pralle Form erhalten, sollte man sie während des Garens mehrfach wenden.

5. Danach werden sie zuerst in lauwarmes Wasser gelegt und dann unter Zugabe von kaltem Wasser abgekühlt.

6. Anschließend hängt man die Leberwürste ca.12 Stunden zum Trocknen in einen kühlen, luftigen Raum und räuchert sie dann bei einer Temperatur von 20°C kalt.

7. Die Räucherdauer beträgt, je nach Geschmack, 4 - 8 Stunden.

Hessische Leberwurst

Material für 2,5 kg Hessische Leberwurst

- 0,90 kg Schweinenacken, vorgegart
- 0,90 kg Schweinespeck, vorgegart
- 0,70 kg Schweineleber, roh

Gewürze und Zutaten

- 55 g Salz
- 5,0 g weißer Pfeffer, gemahlen
- 2,5 g Macis, gemahlen
- 1,2 g Nelken, gemahlen

Zubereitung:

1. Die in Scheiben geschnittene Leber durch die 2mm - Scheibe und das in Stücke geschnittene restliche Material nacheinander ebenfalls durch die 2mm - Scheibe des Wolfes lassen.

2. Die Gewürze und Zutaten zugeben, alles gut miteinander vermengen und die Masse in Schweinekrausen füllen.

3. Die abgebundenen Würste dann 10 Minuten ins kochende Wasser des Kessels geben und danach 60 - 90 Minuten in 80°C heißem Wasser fertig garen. Dabei rechnet man je Millimeter Darmdurchmesser eine Minute Garzeit.

4. Damit sich das Fett gut verteilt und die Würste eine schöne pralle Form erhalten, sollte man sie während des Garens mehrfach wenden.

5. Danach werden sie zuerst in lauwarmes Wasser gelegt und dann unter Zugabe von kaltem Wasser abgekühlt.

6. Anschließend hängt man die Hessischen Leberwürste ca.12 Stunden zum Trocknen in einen kühlen, luftigen Raum und räuchert sie dann bei einer Temperatur von 20°C kalt.

7. Die Räucherdauer beträgt, je nach Geschmack, 4 - 8 Stunden.

Rheinische Leberwurst

Material für 2,5 kg Rheinische Leberwurst

- 0,90 kg Schweinebacken, vorgegart
- 0,75 kg Schweineleber, roh
- 0,50 kg Schweinekopffleisch, vorgegart
- 0,35 kg Schweineschulter, vorgegart

Gewürze und Zutaten

- 50 g Salz
- 5,0 g weißer Pfeffer, gemahlen
- 0,5 g Kardamom, gemahlen
- 0,5 g Ingwer, gemahlen
- 0,5 g Macis, gemahlen
- 60 ml abgekochte Milch
- 10 g frische Petersilie

Zubereitung:

1. Die in Scheiben geschnittene Leber durch die 2mm - Scheibe und das in Stücke geschnittene restliche Material nacheinander ebenfalls durch die 2mm - Scheibe wolfen.

2. Die Gewürze und Zutaten zugeben, alles gut miteinander vermengen, zum Schluss die gehackte Petersilie untermengen und die Masse in Rinderkranzdärme füllen.

3. Die einzeln und in der gewünschten Größe abgebundenen Ringe dann 10 Minuten ins kochende Wasser des Kessels geben und danach 45 - 60 Minuten in 80°C heißem Wasser fertig garen. Dabei rechet man je Millimeter Darmdurchmesser eine Minute Garzeit.

4. Damit sich das Fett gut verteilt und die Würste eine schöne pralle Form erhalten, sollte man sie während des Garens mehrfach wenden.

5. Danach werden sie zuerst in lauwarmes Wasser gelegt und dann unter Zugabe von kaltem Wasser abgekühlt.

6. Anschließend hängt man die Rheinischen Leberwürste ca. 12 Stunden zum Trocknen in einen kühlen, luftigen Raum und räuchert sie dann bei einer Temperatur von 20°C kalt.

7. Die Räucherdauer beträgt, je nach Geschmack, 4 - 8 Stunden.

Feine Sächsische Leberwurst

Material für 2,5 kg Sächsische Leberwurst

- 0,90 kg Schweinenacken, vorgegart
- 0,65 kg Schweineleber, roh
- 0,60 kg fetter Schweinebauch, vorgegart
- 0,35 kg Schweinespeck, vorgegart

Gewürze und Zutaten

- 50 g Salz
- 5,0 g weißer Pfeffer, gemahlen
- 2,5 g Majoran, gemahlen
- 1,3 g Kardamom, gemahlen
- 1,3 g Piment, gemahlen
- 1,3 g Macis, gemahlen

Zubereitung:

1. Die in Scheiben geschnittene Leber zweimal durch die 2mm - Scheibe und das in Stücke geschnittene restliche Material nacheinander einmal durch die 2mm - Scheibe wolfen.

2. Die Gewürze und Zutaten zugeben, alles gut miteinander vermengen und die Masse in Rinderkranzdärme füllen.

3. Die einzeln und in der gewünschten Größe abgebundenen Ringe dann 10 Minuten ins kochende Wasser des Kessels geben und danach 45 - 60 Minuten in 80°C heißem Wasser fertig garen. Dabei rechet man je Millimeter Darmdurchmesser eine Minute Garzeit.

4. Damit sich das Fett gut verteilt und die Würste eine schöne pralle Form erhalten, sollte man sie während des Garens mehrfach wenden.

5. Danach werden sie zuerst in lauwarmes Wasser gelegt und dann unter Zugabe von kaltem Wasser abgekühlt.

6. Anschließend hängt man die Feinen Sächsischen Leberwürste ca. 12 Stunden zum Trocknen in einen kühlen, luftigen Raum und räuchert sie dann bei einer Temperatur von 20°C kalt.

7. Die Räucherdauer beträgt, je nach Geschmack, 4 - 8 Stunden.

Berliner Zungenwurst

Material für 2,5 kg Berliner Zungenwurst

- 0,75 kg Schweineschulter, vorgegart
- 0,75 kg Schweinebacken, vorgegart
- 0,60 kg Schweineleber, roh
- 0,40 kg Schweinezunge, vorgegart

Gewürze und Zutaten

- 60 g Salz
- 5,0 g weißer Pfeffer, gemahlen
- 3,8 g Majoran, gemahlen
- 1,3 g Muskat, gemahlen
- 0,5 g Nelken, gemahlen
- 50 g Zwiebeln, gedünstet

Zubereitung:

1. Die in Scheiben geschnittene Leber zusammen mit den Zwiebeln durch die 2mm - Scheibe und das in Stücke geschnittene restliche Material, außer der Schweinezunge, nacheinander durch die 4mm - Scheibe des Wolfes lassen.

2. Dann die Schweinezunge klein würfeln, mit den Gewürzen und Zutaten zum gewolften Material geben, alles gut miteinander vermengen und die Masse in Schweinefettenden füllen.

3. Die in der gewünschten Länge abgebundenen Würste dann 10 Minuten ins kochende Wasser des Kessels geben und danach 45 - 60 Minuten in 80°C heißem Wasser fertig garen. Dabei rechet man je Millimeter Darmdurchmesser eine Minute Garzeit.

4. Damit sich das Fett gut verteilt und die Würste eine schöne pralle Form erhalten, sollte man sie während des Garens mehrfach wenden.

5. Danach werden sie zuerst in lauwarmes Wasser gelegt und dann unter Zugabe von kaltem Wasser abgekühlt.

6. Anschließend hängt man die Berliner Zungenwürste ca. 12 Stunden zum Trocknen in einen kühlen, luftigen Raum und räuchert sie dann bei einer Temperatur von 20°C kalt.

7. Die Räucherdauer beträgt, je nach Geschmack, 4 - 8 Stunden.

Wormser Leberwurst

Material für 2,5 kg Wormser Leberwurst

- 0,90 kg magerer Schweinebauch, vorgegart
- 0,90 kg fetter Schweinebauch, vorgegart
- 0,70 kg Schweineleber, roh

Gewürze und Zutaten

- 55 g Salz
- 7,0 g Pfeffer, gemahlen
- 2,5 g Muskat, gemahlen
- 1,2 g Nelken, gemahlen
- 75 g Zwiebeln, roh

Zubereitung:

1. Die in Scheiben geschnittene Leber zusammen mit den Zwiebeln zweimal und das restliche, in Stücke geschnittene Material nacheinander einmal durch die 2mm - Scheibe wolfen.

2. Die Gewürze und Zutaten zugeben, alles gut miteinander vermengen und die Masse in Rindermitteldärme füllen.

3. Die in der gewünschten Länge abgebundenen Würste dann 10 Minuten ins kochende Wasser des Kessels geben und danach 60 - 75 Minuten in 80°C heißem Wasser fertig garen. Dabei rechet man je Millimeter Darmdurchmesser eine Minute Garzeit.

4. Damit sich das Fett gut verteilt und die Würste eine schöne pralle Form erhalten, sollte man sie während des Garens mehrfach wenden.

5. Danach werden sie zuerst in lauwarmes Wasser gelegt und dann unter Zugabe von kaltem Wasser abgekühlt.

6. Anschließend hängt man die Wormser Leberwürste ca. 12 Stunden zum Trocknen in einen kühlen, luftigen Raum und räuchert sie dann bei einer Temperatur von 20°C kalt.

7. Die Räucherdauer beträgt, je nach Geschmack, 4 - 8 Stunden.

Schalottenleberwurst

Material für 2,5 kg Schalottenleberwurst

- 0,80 kg Schweinenacken, vorgegart
- 0,80 kg Schweinebacken, vorgegart
- 0,35 kg Schweinekopffleisch, vorgegart
- 0,30 kg Schweineleber, roh
- 0,25 kg Schweinespeck, vorgegart

Gewürze und Zutaten

- 55 g Salz
- 5,0 g weißer Pfeffer, gemahlen
- 1,2 g Piment, gemahlen
- 0,7 g Macis, gemahlen
- 0,5 g Thymian, gemahlen
- 0,5 g Nelken, gemahlen
- 0,5 g Kardamom, gemahlen
- 0,5 g Ingwer, gemahlen
- 0,5 g Zimt, gemahlen
- 200 g Schalotten, roh

Zubereitung:

1. Die Leber zusammen mit den Zwiebeln durch die 2mm - Scheibe wolfen.
2. Anschließend den Schweinenacken und das Schweinekopffleisch nacheinander ebenfalls durch die 2mm - Scheibe wolfen und das restliche Material nacheinander durch die 3mm - Scheibe.
3. Die Gewürze und Zutaten zugeben, alles gut miteinander vermengen und die Masse in Schweinekrausen füllen.
4. Die abgebundenen Würste dann 10 Minuten ins kochende Wasser des Kessels geben und danach 60 - 90 Minuten in 80°C heißem Wasser fertig garen. Dabei rechnet man je Millimeter Darmdurchmesser eine Minute Garzeit.
5. Damit sich das Fett gut verteilt und die Würste eine schöne pralle Form erhalten, sollte man sie während des Garens mehrfach wenden.
6. Danach werden sie zuerst in lauwarmes Wasser gelegt und dann unter Zugabe von kaltem Wasser abgekühlt.
7. Nachdem die Schalottenleberwürste ca. 12 Stunden zum Trocknen in einen kühlen, luftigen Raum gehängt wurden, kann man sie entweder frisch verzehren oder 1 - 2 Stunden bei 20°C kalt anräuchern.

Sahneleberwurst

Material für 2,5 kg Sahneleberwurst

- 0,75 kg Schweineschulter, vorgegart
- 0,70 kg Schweineleber, roh
- 0,60 kg Schweinespeck, vorgegart
- 0,40 kg fetter Schweinebauch, vorgegart
- 50 ml Süße Sahne

Gewürze und Zutaten

- 55 g Salz
- 5,0 g Zucker
- 5,0 g Pfeffer, gemahlen
- 0,5 g Macis, gemahlen
- 0,5 g Zimt, gemahlen
- 15 g Zwiebeln, gedünstet

Zubereitung:

1. Die Leber in dünne Scheiben schneiden, kurz abbrühen und zusammen mit den Zwiebeln zweimal durch die 2mm - Scheibe des Wolfes lassen.

2. Danach das restliche, in Stücke geschnittene Material nacheinander ebenfalls durch die 2mm - Scheibe wolfen.

3. Dann die Süße Sahne, Gewürze und Zutaten zugeben, alles gut miteinander vermengen und die Masse in Rinderkranzdärme füllen.

4. Die einzeln und in der gewünschten Größe abgebundenen Ringe dann 10 Minuten ins kochende Wasser des Kessels geben und danach 45 - 60 Minuten in 80°C heißem Wasser fertig garen. Dabei rechet man je Millimeter Darmdurchmesser eine Minute Garzeit.

5. Damit sich das Fett gut verteilt und die Würste eine schöne pralle Form erhalten, sollte man sie während des Garens mehrfach wenden.

6. Danach werden sie zuerst in lauwarmes Wasser gelegt und dann unter Zugabe von kaltem Wasser abgekühlt.

7. Nachdem die Sahneleberwürste ca. 12 Stunden zum Trocknen in einen kühlen, luftigen Raum gehängt wurden, kann man sie entweder frisch verzehren oder 1 - 2 Stunden bei 20°C kalt anräuchern.

Sardellenleberwurst

Material für 2,5 kg Sardellenleberwurst

- 0,65 kg Schweineleber, roh
- 0,60 kg Schweinebacken, vorgegart
- 0,45 kg Schweinenacken, vorgegart
- 0,45 kg Schweinespeck, vorgegart
- 0,35 kg Schweineschulter, vorgegart

Gewürze und Zutaten

- 45 g Salz
- 5,0 g Pfeffer, gemahlen
- 5,0 g Majoran, gerebelt
- 0,5 g Macis, gemahlen
- 75 g Sardellen, entgrätet

Zubereitung:

1. Die in dünne Scheiben geschnittene Leber einmal und das in Stücke geschnittene restliche Material nacheinander zweimal durch die 2mm - Scheibe des Wolfes lassen.

2. Danach die Gewürze und Zutaten sowie die fein gehackten Sardellen zugeben, alles gut vermengen und die Masse in Rinderkranzdärme füllen.

3. Die einzeln und in der gewünschten Größe abgebundenen Ringe dann 10 Minuten ins kochende Wasser des Kessels geben und danach 45 - 60 Minuten in 80°C heißem Wasser fertig garen. Dabei rechet man je Millimeter Darmdurchmesser eine Minute Garzeit.

4. Damit sich das Fett gut verteilt und die Würste eine schöne pralle Form erhalten, sollte man sie während des Garens mehrfach wenden.

5. Danach werden sie zuerst in lauwarmes Wasser gelegt und dann unter Zugabe von kaltem Wasser abgekühlt.

6. Anschließend hängt man die Sardellenleberwürste ca. 12 Stunden zum Trocknen in einen kühlen, luftigen Raum und räuchert sie dann bei einer Temperatur von 20°C kalt.

7. Die Räucherdauer beträgt, je nach Geschmack, 3 - 4 Stunden.

Blutwürste

Die Herstellung von Blutwürsten

Blutwürste bestehen aus vorgekochten, fein zerkleinerten Schwarten und Blut. Um eine geschmeidigere Konsistenz der Würste zu erreichen, kann auch noch etwas Kesselbrühe zugegeben werden.

Als Wursteinlagen nimmt man gepökeltes Fleisch, gegarte Speckwürfel, Schweinezungen und zerkleinerte Innereien.

Bei einigen Blutwurstsorten werden auch Grütze, Grieben oder Semmeln zugegeben.

Aus den jeweiligen Zutaten stellt man eine breiige Wurstmasse her, die dann in Därme oder Gläser gefüllt wird.

Durch das anschließende Erhitzen der Wurstmasse gerinnt das Eiweiß im Blut, wodurch die Wurst ihre typische rotbraune Farbe erhält.

Ihre Schnittfestigkeit bekommt sie dann beim Abkühlen, wenn sich die Gelatine der verwendeten Schwarten wieder verfestigt.

Blut und Schwarten vorbereiten

Für die Blutwurstherstellung wird meist Schweineblut verwendet.

Wird schlachfrisches Blut verarbeitet, muss es ab dem Zeitpunkt der Blutentziehung bis zu seiner Weiterverwendung kontinuierlich gerührt werden. Ansonsten gerinnt es und bildet Klümpchen.

Zugekauftes Blut sollte man vor der Verarbeitung etwas anwärmen, damit es dickflüssiger wird. Dadurch vermischt es sich besser mit den übrigen Zutaten und lässt sich dann einfacher in Därme und andere Wursthüllen füllen.

Schwarten müssen zunächst gründlich entfettet werden und dann so lange bei einer Kesseltemperatur von ca. 80°C garen, bis sie sich zwischen Daumen und Zeigefinger gerade so durchdrücken lassen. Sie dürfen nicht zu weichgekocht werden, da sonst ihre Bindefähigkeit für die Wurst nachlässt.

Fleisch für die Wursteinlage

Das als Einlage für bestimmte Blutwurstsorten vorgesehene Fleisch muss ca. 24 Stunden in 12%iger Lake vorgepökelt und dann gegart werden.

Dafür gibt man das Fleisch erst 5 Minuten ins kochende Kesselwasser und lässt es dann solange bei einer Kesseltemperatur von ca.90°C weitergaren, bis es eine Kerntemperatur von 65°C hat. Anschließend wird das Fleisch in kleinere Stücke oder Würfel geschnitten.

Blutwürste

Speck für die Wursteinlage

Speck für die Wursteinlage schneidet man in kleinere Würfel und brüht sie dann kurz im Kochkessel ab.

Alternativ kann man die Speckwürfel auch in ein Sieb geben und so oft mit kochendem Wasser übergießen, bis das schmalzige Oberflächenfett abgespült ist.

Schweinezungen und Innereien

Auch die als Wursteinlage bestimmten Schweinezungen müssen vorgepökelt sein und dann bis zur Kerntemperatur von 75°C im ca. 80°C heißen Wasser des Kochkessels garen. Anschließend fügt man sie gewürfelt oder im Ganzen der Blutwurstmasse bei.

Innereien werden roh durch den Wolf gelassen und dann weiterverarbeitet.

Die Weiterverarbeitung und das Abfüllen

Die vorgegarten Schwarten werden noch warm durch den Wolf gelassen und dann sofort mit dem zerkleinerten Fleisch, den Speckwürfeln oder anderen Wursteinlagen vermengt.

Danach gibt man das Schweineblut dazu, würzt die Wurstmasse entsprechend den Rezeptangaben und vermischt alles gut miteinander.

Gefüllt wird die Blutwurstmasse in Rinderkranzdärme, Schweinekrausen, Schweinebutten oder Schweineblasen.

Alle Naturdärme dürfen nicht zu fest gefüllt werden, da sie sich beim anschließenden Kochen stark zusammenziehen und sonst platzen können.

Kochen und Garen der Blutwürste

Anschließend bindet man Würste oder Wurstringe in der gewünschten Länge ab und gibt sie dann sofort ins kochende Wasser des Kessels.

Nach 10 Minuten Kochzeit wird die Kesseltemperatur durch die Zugabe von etwas kaltem Wasser auf 90°C abgesenkt und die Blutwürste unter Beibehaltung dieser Temperatur fertig gegart.

Damit das Garen gleichmäßig geschieht, sollten sie dabei mehrfach im Kessel gewendet werden.

Wie lange die Würste gegart werden müssen richtet sich nach dem Durchmesser (Kaliber) der verwendeten Därme. Je Millimeter Durchmesser rechrechnet man ca. eine Minute Garzeit.

Blutwürste

Kochen und Garen der Blutwürste

Haben die Würste ein ungleichmäßig dickes Kaliber, kann auch durch das Hineinstechen mit einer dünnen Nadel bis zur Wurstmitte festgestellt werden, ob sie gar sind.

Tritt nach dem Hineinstechen klares Fett heraus, ist das Blut auch in den innersten Schichten geronnen. Die Würste können dann aus dem Kessel genommen werden.

Hat der austretende Wurstsaft eine blutige Farbe, müssen sie noch weiter garen.

Kühlen und Räuchern der Würste

Nach dem Kochen werden die Blutwürste aus dem Kessel genommen und zum Abkühlen kurz durch sehr kaltes Wasser gezogen. Am besten eignet sich dafür Eiswasser.

Dann hängt man die Würste ca. 6 - 8 Stunden zum Trocknen in einen kühlen, luftigen Raum und räuchert sie dann einige Stunden im Kaltrauch.

Einige Blutwurstsorten werden aber auch ungeräuchert gegessen.

Das vorgegarte Material klein würfeln...

...und die noch warmen Schwarten wolfen.

Das Material würzen und mit dem Blut vermischen.

Die Blutwurstmasse in Därme füllen...

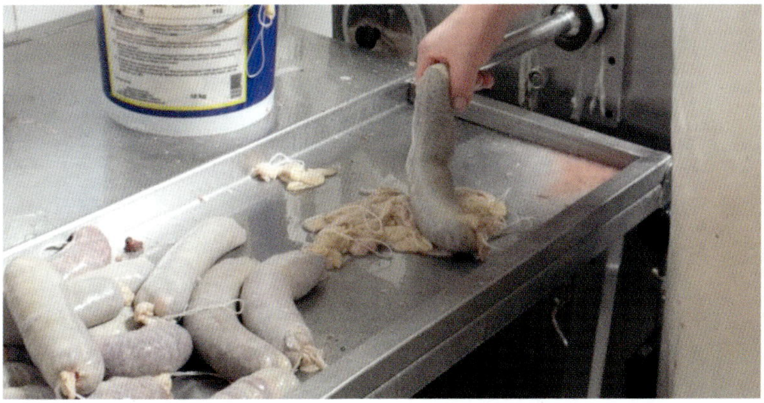

...die Würste im Kochkessel fertig garen

...und nach dem Trocknen kalt räuchern.

Hausmacher Blutwurst

Material für 2,5 kg Hausmacher Blutwurst

- 1,25 kg Schweinespeck
- 0,75 kg Schweineschulter, vorgepökelt
- 0,10 kg Schwarten
- 0,40 L Schweineblut

Gewürze und Zutaten

- 60 g Salz
- 5,0 g Pfeffer, gemahlen
- 2,5 g Majoran, gerebelt
- 0,6 g Nelken, gemahlen
- 0,6 g Macis, gemahlen
- 0,6 g Thymian, gerebelt
- 50 g Zwiebeln, gedünstet

Zubereitung:

1. Die Schweineschulter in 90°C heißem Wasser bis zur Kerntemperatur von 65°C garen, in 1cm große Würfel schneiden und den ebenfalls in 1cm große Würfel geschnittenen Schweinespeck kurz abbrühen.

2. Die mittelweich vorgegarten und noch warmen Schwarten zusammen mit den Zwiebeln durch die 2mm - Scheibe wolfen und dann mit den Schulter- und Speckwürfeln vermengen.

3. Das frische oder vorher etwas angewärmte Schweineblut sowie die Gewürze und Zutaten zugeben, die Masse gut miteinander vermischen und in Rinderkranzdärme füllen.

4. Die einzeln und in der gewünschten Länge abgebundenen Blutwurstringe 10 Minuten ins kochende Kesselwasser geben und dann 45 - 60 Minuten in 80°C heißem Wasser fertig garen. Dabei rechnet man je Millimeter Darmdurchmesser eine Minute Garzeit.

5. Die Würste sind gar, wenn beim Hineinstechen mit einer dünnen Nadel klare Flüssigkeit und kein Blut mehr austritt.

6. Anschließend kühlt man die Hausmacher Blutwürste kurz in sehr kaltem Wasser ab, hängt sie dann 6 - 8 Stunden zum Trocknen in einen kühlen, luftigen Raum und räuchert sie danach 4 - 6 Stunden bei einer Temperatur von 20°C kalt.

Gewürfelte Zungenwurst

Material für 2,5 kg Gewürfelte Zungenwurst

- 1,25 kg Schweinespeck
- 0,65 kg Schweinezungen, vorgepökelt
- 0,25 kg Schwarten
- 0,35 L Schweineblut

Gewürze und Zutaten

- 45 g Salz
- 5,0 g Pfeffer, gemahlen
- 2,5 g Majoran, gerebelt
- 1,2 g Piment, gemahlen
- 0,6 g Nelken, gemahlen
- 40 g Zwiebeln, gedünstet

Zubereitung:

1. Die Zungen in 80°C heißem Wasser bis zur Kerntemperatur von 65°C garen, von der Haut befreien und in 1,5cm große Würfel schneiden. Den Speck in 1cm große Würfel schneiden und kurz abbrühen.

2. Die mittelweich vorgegarten und noch warmen Schwarten zusammen mit den Zwiebeln durch die 2mm - Scheibe wolfen und dann mit den Zungen- und Speckwürfeln vermengen.

3. Das frische oder vorher etwas angewärmte Schweineblut sowie die Gewürze und Zutaten zugeben, die Masse gut miteinander vermischen und in Schweineblasen füllen.

4. Die abgebundenen Zungenwürste danach 10 Minuten ins kochende Kesselwasser geben und dann 80 - 120 Minuten in 80°C heißem Wasser fertig garen. Dabei rechnet man je Millimeter Blasendurchmesser eine Minute Garzeit.

5. Die Würste sind gar, wenn beim Hineinstechen mit einer dünnen Nadel klare Flüssigkeit und kein Blut mehr austritt.

6. Anschließend kühlt man die Zungenwürste kurz in sehr kaltem Wasser ab, hängt sie dann 6 - 8 Stunden zum Trocknen in einen kühlen, luftigen Raum und räuchert sie danach 8 - 10 Stunden bei 20°C kalt.

Guts-Fleischwurst

Material für 2,5 kg Hausmacher Blutwurst

- 1,40 kg Schweineschulter, vorgepökelt
- 0,40 kg fetter Schweinebauch, vorgepökelt
- 0,20 kg Schweineleber, roh
- 0,20 kg Schwarten
- 0,30 L Schweineblut

Gewürze und Zutaten

- 35 g Salz
- 5,0 g Pfeffer, gemahlen
- 4,0 g Majoran, gerebelt
- 2,0 g Piment, gemahlen
- 1,0 g Macis, gemahlen
- 0,6 g Nelken, gemahlen
- 30 g Zwiebeln, gedünstet

Zubereitung:

1. Die Schulter und den Bauch in 90°C heißem Wasser bis zur Kerntemperatur von 65°C garen und danach in 1cm große Würfel schneiden.
2. Die mittelweich vorgegarten und noch warmen Schwarten zusammen mit den Zwiebeln zweimal durch die 2mm - Scheibe und die Leber einmal durch die 8mm - Scheibe wolfen.
3. Dann die gewolfte Masse mit den Schulter- und Bauchwürfeln vermengen, das frische oder vorher etwas angewärmte Blut sowie die Gewürze und Zutaten zugeben und die Masse gut miteinander vermischen.
4. Die Blutwurstmasse danach in Schweinebutten abfüllen, die einzeln und in der gewünschten Länge abgebundenen Guts-Fleischwürste dann 10 Minuten ins kochende Kesselwasser geben und anschließend 45 - 90 Minuten in 80°C heißem Wasser fertig garen.
5. Dabei rechnet man je Millimeter Darmdurchmesser eine Minute Garzeit. Die Würste sind gar, wenn beim Hineinstechen mit einer dünnen Nadel klare Flüssigkeit und kein Blut mehr austritt.
6. Anschließend kühlt man die Guts-Fleischwürste kurz in sehr kaltem Wasser ab, hängt sie dann 6 - 8 Stunden zum Trocknen in einen kühlen, luftigen Raum und räuchert sie danach 4 - 6 Stunden bei einer Temperatur von 20°C kalt.

Kümmelrotwurst

Material für 2,5 kg Kümmelrotwurst

- 1,00 kg Schweinenacken, vorgepökelt
- 0,80 kg Schweinespeck
- 0,30 kg Schwarten
- 0,40 L Schweineblut

Gewürze und Zutaten

- 55 g Salz
- 6,0 g Pfeffer, gemahlen
- 5,0 g Kümmel, ganz
- 1,5 g Thymian, gerebelt
- 1,3 g Muskat, gemahlen
- 1,0 g Ingwer, gemahlen

Zubereitung:

1. Den Schweinenacken in 90°C heißem Wasser bis zur Kerntemperatur von 65°C garen, in 1cm große Würfel schneiden und den ebenfalls in 1cm große Würfel geschnittenen Schweinespeck kurz abbrühen.

2. Die mittelweich vorgegarten und noch warmen Schwarten durch die 2mm - Scheibe wolfen und dann mit den Nacken- und Speckwürfeln vermengen.

3. Das frische oder vorher etwas angewärmte Schweineblut sowie die Gewürze und Zutaten zugeben, die Masse gut miteinander vermischen und in Schweineblasen füllen.

4. Die abgebundenen Kümmelrotwürste danach 10 Minuten ins kochende Kesselwasser geben und dann 80 - 120 Minuten in 80°C heißem Wasser fertig garen. Dabei rechnet man je Millimeter Blasendurchmesser eine Minute Garzeit.

5. Die Würste sind gar, wenn beim Hineinstechen mit einer dünnen Nadel klare Flüssigkeit und kein Blut mehr austritt.

6. Anschließend kühlt man die Kümmelrotwürste kurz in sehr kaltem Wasser ab, hängt sie dann 6 - 8 Stunden zum Trocknen in einen kühlen, luftigen Raum und räuchert sie danach 8 - 10 Stunden bei 20°C kalt.

Thüringer Rotwurst

Material für 2,5 kg Thüringer Rotwurst

- 1,10 kg Schweineschulter, vorgepökelt
- 0,65 kg Schweinespeck
- 0,20 kg Schwarten
- 0,15 kg Schweineleber, roh
- 0,40 L Schweineblut

Gewürze und Zutaten

- 50 g Salz
- 5,0 g Pfeffer, gemahlen
- 2,5 g Majoran, gerebelt
- 1,5 g Piment, gemahlen
- 1,2 g Kümmel, gemahlen
- 1,2 g Nelken, gemahlen

Zubereitung:

1. Die Schweineschulter in 90°C heißem Wasser bis zur Kerntemperatur von 65°C garen, in 1cm große Würfel schneiden und den ebenfalls in 1cm große Würfel geschnittenen Schweinespeck kurz abbrühen.

2. Die mittelweich vorgegarten und noch warmen Schwarten zusammen mit der Leber durch die 2mm - Scheibe wolfen.

3. Dann die gewolfte Masse mit den Schulter- und Speckwürfeln vermengen, das frische oder vorher etwas angewärmte Blut sowie die Gewürze und Zutaten zugeben und die Masse gut miteinander vermischen.

4. Die Rotwurstmasse danach in Schweinekrausen abfüllen, die einzeln und in der gewünschten Länge abgebundenen Thüringer Rotwürste dann 10 Minuten ins kochende Kesselwasser geben und anschließend 45 - 90 Minuten in 80°C heißem Wasser fertig garen.

5. Dabei rechnet man je Millimeter Darmdurchmesser eine Minute Garzeit. Die Würste sind gar, wenn beim Hineinstechen mit einer dünnen Nadel klare Flüssigkeit und kein Blut mehr austritt.

6. Anschließend kühlt man die Thüringer Rotwürste kurz in sehr kaltem Wasser ab, hängt sie dann 6 - 8 Stunden zum Trocknen in einen kühlen, luftigen Raum und räuchert sie danach 6 - 8 Stunden bei einer Temperatur von 20°C kalt.

Rosinenblutwurst

Material für 2,5 kg Rosinenblutwurst

- 0,75 kg Schweinespeck
- 0,50 kg Buchweizenmehl
- 1,0 L Schweineblut
- 0,25 L Vollmilch

Gewürze und Zutaten

- 60 g Salz
- 5,0 g Pfeffer, gemahlen
- 2,0 g Piment, gemahlen
- 0,5 g Zimt, gemahlen
- 0,3 g Macis, gemahlen
- 60 g kernlose Rosinen

Zubereitung:

1. Den Speck in 1cm große Würfel schneiden und kurz abbrühen.

2. Das frische oder vorher etwas angewärmte Schweineblut und das Buchweizenmehl zu einem nicht zu dicken Brei zusammenrühren.

3. Dann die abgebrühten Speckwürfel, die Gewürze und Zutaten sowie die Milch zum Blutbrei geben, die Masse gut miteinander vermischen und in Rinderkranzdärme füllen.

4. Die einzeln und in der gewünschten Länge abgebundenen Blutwurstringe 10 Minuten ins kochende Kesselwasser geben und dann 45 - 60 Minuten in 80°C heißem Wasser fertig garen. Dabei rechnet man je Millimeter Darmdurchmesser eine Minute Garzeit.

5. Die Würste sind gar, wenn beim Hineinstechen mit einer dünnen Nadel klare Flüssigkeit und kein Blut mehr austritt.

6. Anschließend kühlt man die Rosinenblutwürste kurz in sehr kaltem Wasser ab und hängt sie danach 6 - 8 Stunden zum Trocknen in einen luftigen Raum.

7. Rosinenblutwürste werden nicht geräuchert und vor dem Verzehr im Topf oder in der Pfanne erhitzt.

Fränkische Bauernblutwurst

Material für 2,5 kg Fränkische Bauernblutwurst

- 1,75 kg Schweinespeck
- 0,50 L Schweineblut
- 0,25 L abgekochte, kalte Milch

Gewürze und Zutaten

- 55 g Salz
- 5,0 g weißer Pfeffer, gemahlen
- 3,0 g Majoran, gemahlen
- 0,6 g Thymian, gemahlen
- 0,3 g Macis, gemahlen

Zubereitung:

1. Den in 1cm große Würfel geschnittenen Speck kurz abbrühen.

2. Dann die Speckwürfel gut mit dem frischen, kalten Blut und der kalten Milch vermengen, die Gewürze und Zutaten zugeben und alles gut miteinander vermischen.

3. Die Blutwurstmasse danach in enge Schweinedünndärme abfüllen, die zu 150g abgebundenen Fränkischen Bauernblutwürste dann 10 Minuten ins kochende Kesselwasser geben und anschließend 25 - 35 Minuten in 80°C heißem Wasser fertig garen.

4. Dabei rechnet man je Millimeter Darmdurchmesser eine Minute Garzeit. Die Würste sind gar, wenn beim Hineinstechen mit einer dünnen Nadel klare Flüssigkeit und kein Blut mehr austritt.

5. Anschließend kühlt man die Fränkischen Bauernblutwürste kurz in sehr kaltem Wasser ab, hängt sie dann 6 - 8 Stunden zum Trocknen in einen kühlen, luftigen Raum und räuchert sie danach 12 Stunden bei einer Temperatur von 20°C kalt.

6. Fränkische Bauernblutwurst soll in frischem Zustand eine mürbe Konsistenz haben und ist bei vollständiger Austrocknung als Dauerware geeignet.

Bayerische Blutwürstchen

Material für 2,5 kg Bayerische Blutwürstchen

- 1,75 kg Schweinespeck
- 0,25 kg Schwarten
- 0,50 L Schweineblut, vorgepökelt

Gewürze und Zutaten

- 60 g Salz
- 7,5 g Pfeffer, gemahlen
- 1,2 g Piment, gemahlen
- 0,6 g Thymian, gemahlen
- 0,5 g Nelken, gemahlen

Zubereitung:

1. Den in 0,5cm große Würfel geschnittenen Speck kurz abbrühen.

2. Die Schwarten zweimal durch die 2mm - Scheibe wolfen.

3. Dann die Speckwürfel mit dem Schwartenbrei vermengen, das frische oder vorher etwas angewärmte Blut sowie die Gewürze und Zutaten zugeben und alles gut miteinander vermischen.

4. Die Blutwurstmasse danach in enge Schweinedünndärme abfüllen, die in der gewünschten Länge abgebundenen Bayerischen Blutwürstchen dann 10 Minuten ins kochende Kesselwasser geben und anschließend 25 - 35 Minuten in 80°C heißem Wasser fertig garen.

5. Dabei rechnet man je Millimeter Darmdurchmesser eine Minute Garzeit. Die Würste sind gar, wenn beim Hineinstechen mit einer dünnen Nadel klare Flüssigkeit und kein Blut mehr austritt.

6. Anschließend kühlt man die Bayerischen Blutwürstchen kurz in sehr kaltem Wasser ab und hängt sie dann 24 Stunden zum Trocknen in einen kühlen, luftigen Raum. Diese Blutwurstsorte wird ungeräuchert verzehrt.

Braunschweiger Blutwurst

Material für 2,5 kg Braunschweiger Blutwurst

- 0,75 kg magerer Schweinebauch, vorgepökelt
- 0,60 kg Schweinekopffleisch, vorgepökelt
- 0,60 kg Schweinespeck
- 0,20 kg Schwarten
- 0,35 L Schweineblut

Gewürze und Zutaten

- 55 g Salz
- 7,0 g Pfeffer, gemahlen
- 2,5 g Majoran, gerebelt
- 1,2 g Piment, gemahlen
- 0,3 g Nelken, gemahlen

Zubereitung:

1. Den Schweinebauch und das Schweinekopffleisch in 90°C heißem Wasser bis zur Kerntemperatur von 65°C garen und in 2cm große Würfel schneiden.
2. Den in 1cm große Würfel geschnittenen Speck kurz abbrühen und die mittelweich vorgegarten und noch warmen Schwarten durch 2mm - Scheibe wolfen.
3. Dann das gewürfelte Material mit den gewolften Schwarten vermengen, das frische oder vorher etwas angewärmte Blut sowie die Gewürze und Zutaten zugeben und alles gut miteinander vermischen.
4. Die Blutwurstmasse danach in Schweinekrausen abfüllen, die einzeln und in der gewünschten Länge abgebundenen Braunschweiger Blutwürste 10 Minuten ins kochende Kesselwasser geben und dann 45 - 90 Minuten in 80°C heißem Wasser fertig garen.
5. Dabei rechnet man je Millimeter Darmdurchmesser eine Minute Garzeit. Die Würste sind gar, wenn beim Hineinstechen mit einer dünnen Nadel klare Flüssigkeit und kein Blut mehr austritt.
6. Anschließend kühlt man die Blutwürste kurz in sehr kaltem Wasser ab, hängt sie dann 6 - 8 Stunden zum Trocknen in einen kühlen, luftigen Raum und räuchert sie danach 24 Stunden bei einer Temperatur von 20°C kalt.

Frankfurter Blutwurst

Material für 2,5 kg Frankfurter Blutwurst

- 1,50 kg Schweinespeck
- 0,40 kg Schwarten
- 0,60 L Schweineblut

Gewürze und Zutaten

- 55 g Salz
- 7,0 g Pfeffer, gemahlen
- 2,5 g Majoran, gerebelt
- 1,2 g Nelken, gemahlen
- 0,5 g Zimt, gemahlen
- 40 g Zwiebeln, gedünstet

Zubereitung:

1. Den in 1cm große Würfel geschnittenen Speck kurz abbrühen.

2. Die Schwarten zusammen mit den Zwiebeln zweimal durch die 2mm - Scheibe wolfen.

3. Dann die Speckwürfel mit dem Schwarten-Zwiebel-Brei vermengen, das frische oder vorher etwas angewärmte Blut sowie die Gewürze und Zutaten zugeben und alles gut miteinander vermischen.

4. Die Blutwurstmasse danach in Schweinebutten abfüllen, die einzeln und in der gewünschten Länge abgebundenen Frankfurter Blutwürste dann 10 Minuten ins kochende Kesselwasser geben und anschließend 45 - 90 Minuten in 80°C heißem Wasser fertig garen.

5. Dabei rechnet man je Millimeter Darmdurchmesser eine Minute Garzeit. Die Würste sind gar, wenn beim Hineinstechen mit einer dünnen Nadel klare Flüssigkeit und kein Blut mehr austritt.

6. Anschließend kühlt man die Frankfurter Blutwürste kurz in sehr kaltem Wasser ab, hängt sie dann 6 - 8 Stunden zum Trocknen in einen kühlen, luftigen Raum und räuchert sie danach 4 - 6 Stunden bei einer Temperatur von 20°C kalt.

Berliner Presswurst

Material für 2,5 kg Berliner Presswurst

- 0,90 kg Schweinespeck
- 0,70 kg Rinderschulter, gepökelt
- 0,30 kg Schwarten
- 0,20 kg Rinderherz, roh
- 0,40 L Schweineblut

Gewürze und Zutaten

- 50 g Salz
- 7,5 g weißer Pfeffer, gemahlen
- 5,0 g Majoran, gerebelt
- 2,0 g Kümmel, ganz
- 1,2 g Nelken, gemahlen
- 40 g Zwiebeln, gedünstet

Zubereitung:

1. Die Rinderschulter in 90°C heißem Wasser bis zur Kerntemperatur von 65°C garen, in 2cm große Würfel schneiden und den in 1cm große Würfel geschnittenen Schweinespeck kurz abbrühen.

2. Die mittelweich vorgegarten und noch warmen Schwarten zusammen mit dem Rinderherz und den Zwiebeln durch die 2mm - Scheibe wolfen.

3. Dann die gewolfte Masse mit den Schulter- und Speckwürfeln vermengen, das frische oder vorher etwas angewärmte Blut sowie die Gewürze und Zutaten zugeben und die Masse gut miteinander vermischen.

4. Die Presswurstmasse in Schweinemägen abfüllen, die abgebundenen Würste danach 10 Minuten ins kochende Kesselwasser geben und dann. je nach Dicke, 120 - 150 Minuten in 80°C heißem Wasser fertig garen.

5. Dabei rechnet man je Millimeter Magendurchmesser eine Minute Garzeit. Die Würste sind gar, wenn beim Hineinstechen mit einer dünnen Nadel klare Flüssigkeit und kein Blut mehr austritt.

6. Danach kühlt man die Berliner Presswürste kurz in kaltem Wasser ab, legt sie dann zum kompletten Auskühlen auf eine angefeuchtete Tischplatte und presst sie dabei etwas mit Hilfe eines beschwerten Kunststoffbretts. Berliner Presswürste werden frisch, also ungeräuchert, verzehrt.

Sülzwürste und Sülzen

Die Herstellung von Sülzwürsten

Sülzwürste bestehen, je nach Sorte, aus vorgekochtem, meist gepökeltem Schulterfleisch, Kopf- und Eisbeinfleisch, Schweinebacken und Speck.

Bei manchen Rezepten wird auch ein kleiner Teil Innereien zugegeben.

Für die Schnittfestigkeit sorgt die sogenannte Gallertmasse, die aus zerkleinerten Schwarten, auch „Schwartenbrei“ genannt, aus Aspikpulver oder aus der Kochbrühe von Schwarten und Schweineköpfen hergestellt wird.

Beim Abkühlen der Sülzwürste erstarrt die Gallertmasse und verbindet dadurch alle Wurstbestandteile miteinander.

Der Schwartenbrei

Für die Herstellung von Schwartenbrei müssen zuvor gründlich entfettete Schwarten so lange bei einer Kesseltemperatur von ca. 80°C garen, bis sie sich zwischen Daumen und Zeigefinger gerade so durchdrücken lassen.

Sie dürfen nicht zu weichgekocht werden, weil sie sonst ihre Bindefähigkeit für die Wurst verlieren.

Danach lässt man die noch warmen Schwarten durch die 2mm - Scheibe des Wolfes und vermischt sie mit Kesselbrühe.

Das Material vorbereiten

Das meist mild vorgepökelte Fleisch muss zunächst vorgegart werden.

Dafür gibt man es erst 5 Minuten ins kochende Kesselwasser und lässt es dann solange bei einer Kesseltemperatur von ca. 80°C weiter garen, bis eine Kerntemperatur von 65°C erreicht ist.

Anschließend wird das Fleisch in kleinere Stücke, Würfel oder Streifen geschnitten.

Auch Innereien müssen im ca. 80°C heißen Wasser des Kochkessels bis zu einer Kerntemperatur von 65°C garen. Nur die Zugabe von Leber erfolgt in rohem Zustand.

Speck schneidet man in kleinere Würfel und brüht sie dann kurz im Kochkessel ab.

Alternativ kann man die Speckwürfel auch in ein Sieb geben und so oft mit kochendem Wasser übergießen, bis das schmalzige Oberflächenfett abgespült ist.

Sülzwürste und Sülzen

Die Weiterverarbeitung und das Abfüllen

Vor der Weiterverarbeitung brüht man das zerkleinerte Fleisch kurz mit kochendem Wasser ab. Dann wird es gut mit den Speckwürfeln, Gewürzen sowie dem Schwartenbrei vermengt und die Masse in Kunstdärme, Butten, Schweineblasen oder Schweinemägen abgefüllt.

Dabei dürfen alle Naturdärme nicht zu fest gefüllt werden, da sie sich beim anschließenden Kochen stark zusammenziehen. Zu prall gefüllte Würste können sonst leicht platzen.

Kochen, Garen und Räuchern der Sülzwürste

Nach dem Füllen werden die Würste ins kochende Wasser des Kessels gegeben. Nach 10 Minuten Kochzeit senkt man die Kesseltemperatur durch Zugabe von etwas kaltem Wasser auf ca. 80°C ab und lässt die Sülzwürste unter Beibehaltung dieser Temperatur fertig garen.

Wie lange die Würste gegart werden müssen richtet sich nach dem Durchmesser (Kaliber) der verwendeten Därme. Je Millimeter Durchmesser rechnet man ca. eine Minute Garzeit.

Anschließend werden die Sülzwürste aus dem Kessel genommen und zum Abkühlen auf eine angefeuchtete Tischplatte gelegt.

Wenn die Würste völlig abgekühlt sind, hängt man sie ca. 6 - 8 Stunden zum Trocknen in einen kühlen und luftigen Raum.

Danach werden sie entweder frisch verzehrt oder, je nach Geschmack, bis zu 10 Stunden kalt geräuchert.

Die Herstellung von Sülzen

Für die Herstellung von Sülzen wird das meist vorgepökelte Fleisch bissfest gekocht und nach dem Abkühlen in kleinere Stücke, Würfel oder Streifen geschnitten.

Vor der Weiterverarbeitung brüht man das zerkleinerte Fleisch dann kurz mit kochendem Wasser ab. Danach wird es mit Gewürzen, Kräutern oder Gemüse vermengt und mit der sogenannten Gallertmasse vermischt, die aus natürlichem oder künstlichem Aspik besteht.

Die Abfüllung der Sülzmasse erfolgt in Kunstdärme oder geeignete Formen, aus denen man sie dann später Herausstürzen kann.

Ihre Schnittfähigkeit erhält die Sülze durch das Erstarren der Gallertmasse während des Abkühlens.

Sülzen

Natürliches Aspik

Zur Herstellung von natürlichem Aspik werden zerkleinerte Eisbeine, Kalbsfüße, Kalbskopfhäute, Schwarten und Knochen in Gewürzlake ausgekocht.

Dafür wird das jeweilige Material in einen entsprechend großen Topf gegeben, mit kaltem Wasser bedeckt und nach dem Aufkochen fünf Minuten bei mittlerer Temperatur gegart.

Dann gießt man das Kochwasser ab, füllt so viel Gewürzlake auf bis das Material wieder bedeckt ist und lässt alles solange bei mittlerer Temperatur kochen, bis das Material zerfällt.

Anschließend wird die Brühe durch ein Sieb gegossen, entfettet und für die Herstellung der verschiedenen Sülzen verwendet.

Für die Herstellung der Gewürzlake müssen je Liter Wasser folgende Zutaten zugegeben werden:

- 18 g Salz
- 12 Wacholderbeeren
- 6 Pfefferkörner
- 5 Pimentkörner
- 3 Lorbeerblätter

Künstliches Aspik

Um künstliches Aspik herzustellen, muss Aspikpulver zunächst ca.10 Minuten in etwas kaltem Wasser vorquellen.

Danach wird es in ca. 70°C heißer Kesselbrühe oder alternativ in leicht gesalzener Fleischbrühe restlos aufgelöst und anschließend mit den jeweils im Rezept angegebenen Gewürze verrührt.

Das vorgegarte Fleisch und den Speck klein würfeln.

Die Schwarten mittelweich kochen...

...und durch die 2mm - Scheibe wolfen.

Das Material mit Kesselbrühe und Gewürzen vermengen.

...und z. B. in Schweineblasen

...oder in Gläser abfüllen.

Konsumsülzwurst

Material für 2,5 kg Konsumsülzwurst

- 1,0 kg Schwarten
- 0,9 kg Schweinekopffleisch
- 0,6 kg Schweineherz

Gewürze und Zutaten

- 7,5 g weißer Pfeffer, gemahlen
- 1,2 g Piment, gemahlen
- 0,5 g Kümmel, gemahlen
- 50 g gehackte Zwiebeln

Zubereitung:

1. Das gesamte Material 3 Tage in 10%iger Lake vorpökeln.

2. Danach das Kopffleisch und Herz in 80°C heißem Wasser bis zur Kerntemperatur von 65°C garen und abkühlen lassen.

3. Anschließend das Herz klein würfeln und das Schweinekopffleisch in 5cm lange und 1cm breite Streifen schneiden. Vor der Weiterverarbeitung dann beides nochmals kurz abbrühen.

4. Die mittelweich vorgegarten, noch warmen Schwarten durch die 2mm - Scheibe wolfen, mit 0,9 Liter der Kochbrühe vermischen und zum restlichen Material geben.

5. Die Gewürze, Zutaten und evtl. Salz nach Geschmack zugeben, alles gut miteinander vermengen und die Masse in Schweineblasen füllen.

6. Danach die abgebundenen Konsumsülzwürste 10 Minuten ins kochende Kesselwasser geben und anschließend, je nach Dicke, 1,5 - 2 Stunden im 80°C heißen Wasser fertig garen. Dabei rechnet man je Millimeter Blasendurchmesser eine Minute Garzeit.

7. Zum Schluss spült man mit heißem Wasser das Fett von den Sülzwürsten, legt sie dann zum kompletten Auskühlen auf eine angefeuchtete Tischplatte und hängt sie anschließend 6 - 8 Stunden zum Trocknen in einen kühlen, luftigen Raum.

Schweinekopfsülze

Material für 2,5 kg Schweinekopfsülze

- 2,0 kg Schweinekopffleisch
- 0,5 kg Schwarten

Gewürze und Zutaten

- 7,5 g weißer Pfeffer, gemahlen
- 2,5 g Piment, gemahlen
- 2,5 g Zitronenschale, gerieben

Zubereitung:

1. Das Kopffleisch und die Schwarten 3 Tage in 10%iger Lake vorpökeln.
2. Anschließend das Schweinekopffleisch in 80°C heißem Wasser bis zu einer Kerntemperatur von 65°C garen, nach dem Abkühlen in 2cm große Würfel schneiden und nochmals kurz abbrühen.
3. Die mittelweich vorgegarten, noch warmen Schwarten durch die 2mm - Scheibe wolfen, mit 0,5 Liter der Kochbrühe vermischen und zu den Kopffleischwürfeln geben.
4. Die Gewürze, Zutaten und evtl. Salz nach Geschmack zugeben, alles gut miteinander vermengen und die Masse in weite Rinderbutten füllen.
5. Danach die abgebundenen Kopfsülzen 10 Minuten ins kochende Kesselwasser geben und anschließend, je nach Dicke, 1,5 - 2 Stunden im 80°C heißen Wasser fertig garen. Dabei wird je Millimeter Darmdurchmesser eine Minute Garzeit gerechnet.
6. Zum Schluss spült man mit heißem Wasser das Fett von den Schweinekopfsülzen und legt sie dann zum kompletten Auskühlen auf eine angefeuchtete Tischplatte.
7. Anschließend werden die Sülzen 6 - 8 Stunden zum Trocknen in einen kühlen, luftigen Raum gehängt.

Thüringer Sülzwurst

Material für 2,5 kg Thüringer Sülzwurst

- 0,75 kg Schweineschulter
- 0,75 kg Schwarten
- 0,60 kg Schweinekopffleisch
- 0,40 kg Schweineherz

Gewürze und Zutaten

- 7,5 g weißer Pfeffer, gemahlen
- 5,0 g Kümmel, gemahlen
- 2,5 g Muskat, gemahlen
- 40 g Zwiebeln

Zubereitung:

1. Das gesamte Material 2 Tage in 10%iger Lake vorpökeln.

2. Danach die Schweineschulter, das Kopffleisch und Herz in 80°C heißem Wasser bis zur Kerntemperatur von 65°C garen und abkühlen lassen.

3. Anschließend das Herz klein würfeln und die Schulter sowie das Kopffleisch in 2cm lange und 1cm breite Streifen schneiden. Vor der Weiterverarbeitung dann alles nochmals kurz abbrühen.

4. Die mittelweich vorgegarten, noch warmen Schwarten durch die 2mm - Scheibe wolfen, mit 0,75 Liter der Kochbrühe vermischen und zum restlichen Material geben.

5. Die Gewürze, Zutaten und evtl. Salz nach Geschmack zugeben, alles gut miteinander vermengen und die Masse in weite Rinderbutten füllen.

6. Danach die abgebundenen Sülzwürste 10 Minuten ins kochende Kesselwasser geben und anschließend, je nach Dicke, 1,5 - 2 Stunden im 80°C heißen Wasser fertig garen. Dabei rechnet man je Millimeter Darmdurchmesser eine Minute Garzeit.

7. Anschließend spült man mit heißem Wasser das Fett von den Würsten, legt sie zum kompletten Auskühlen auf eine angefeuchtete Tischplatte, reibt sie danach mit einem Tuch trocken und räuchert sie dann 4 Stunden bei 20°C im Kaltrauch.

Norddeutsche Sülzwurst

Material für 2,5 kg Norddeutsche Sülzwurst

- 0,65 kg Schweinekopffleisch
- 0,65 kg Kalbskopffleisch
- 0,60 kg Schweinebacken
- 0,60 kg Schwarten

Gewürze und Zutaten

- 7,5 g weißer Pfeffer, gemahlen
- 3,7 g Kümmel, ganz
- 3,0 g Ingwer, gemahlen
- 1,5 g Zucker

Zubereitung:

1. Das gesamte Material 2 Tage in 10%iger Lake vorpökeln.

2. Danach das Schweine- und Kalbskopffleisch sowie die Schweinebacken im 80°C heißen Wasser bis zur Kerntemperatur von 65°C garen und abkühlen lassen.

3. Anschließend alles in 1,5cm große Würfel schneiden und vor der Weiterverarbeitung nochmals kurz abbrühen.

4. Die mittelweich vorgegarten, noch warmen Schwarten durch die 2mm - Scheibe wolfen, mit 0,65 Liter der Kochbrühe vermischen und zum restlichen Material geben.

5. Die Gewürze, Zutaten und evtl. Salz nach Geschmack zugeben, alles gut miteinander vermengen und die Masse in Schweinemägen füllen.

6. Danach die abgebundenen Norddeutschen Sülzwürste 10 Minuten ins kochende Kesselwasser geben und anschließend, je nach Dicke, 1,5 - 2,5 Stunden im 80°C heißen Wasser fertig garen. Dabei rechnet man je Millimeter Magendurchmesser eine Minute Garzeit.

7. Anschließend spült man mit heißem Wasser das Fett von den Würsten, legt sie zum kompletten Auskühlen auf eine angefeuchtete Tischplatte, reibt sie danach mit einem Tuch trocken und räuchert sie dann 4 Stunden bei 20°C im Kaltrauch.

Hausmacher Presskopf

Material für 2,5 kg Hausmacher Presskopf

- 0,90 kg Schweinekopffleisch
- 0,60 kg Schweinenacken
- 0,60 kg Schweinespeck
- 0,40 kg Schwarten

Gewürze und Zutaten

- 30 g Salz
- 7,5 g Pfeffer, gemahlen
- 2,5 g Muskat, gemahlen
- 1,0 g Majoran, gemahlen

Zubereitung:

1. Das Schweinekopffleisch und den Schweinenacken 3 Tage in 10%iger Lake vorpökeln, danach in 80°C heißem Wasser bis zur Kerntemperatur von 65°C garen und abkühlen lassen.

2. Anschließend das Kopffleisch und den Nacken in 2cm und den rohen Schweinespeck in 1cm große Würfel schneiden. Vor der Weiterverarbeitung dann alles nochmals kurz abbrühen.

3. Die mittelweich vorgegarten, noch warmen Schwarten durch die 2mm - Scheibe wolfen, mit 0,4 Liter der Kochbrühe vermischen und zum restlichen Material geben.

4. Die Gewürze, Zutaten und evtl. Salz nach Geschmack zugeben, alles gut miteinander vermengen und die Masse in Schweineblasen füllen.

5. Danach die abgebundenen Hausmacher Pressköpfe 10 Minuten ins kochende Kesselwasser geben und anschließend, je nach Dicke, 1,5 - 2 Stunden in 80°C heißen Wasser fertig garen. Dabei rechnet man je Millimeter Blasendurchmesser eine Minute Garzeit.

6. Dann werden die Pressköpfe mit lauwarmem Wasser abgespült, zum kompletten Auskühlen aufgehängt und anschließend 8 - 10 Stunden bei 20°C im Kaltrauch geräuchert.

Fränkischer Fleischpreßsack

Material für 2,5 kg Fränkischer Fleischpreßsack

- 1,30 kg Schweinekopffleisch
- 0,70 kg Rinderschulter
- 0,50 kg Schwarten

Gewürze und Zutaten

- 7,5 g weißer Pfeffer, gemahlen
- 5,0 g Kümmel, ganz
- 2,5 g Zitronenschale, gerieben
- 20 g Schalotten

Zubereitung:

1. Das Schweinekopffleisch und die Rinderschulter 4 Tage in 10%iger Lake vorpökeln, danach in 80°C heißem Wasser bis zur Kerntemperatur von 65°C garen und abkühlen lassen.

2. Anschließend das Kopffleisch und die Schulter in 0,5 cm große Würfel schneiden und die Würfel vor der Weiterverarbeitung nochmals kurz abbrühen.

3. Die mittelweich vorgegarten, noch warmen Schwarten zusammen mit den Schalotten durch die 2mm - Scheibe wolfen, mit 0,5 Liter der Kochbrühe vermischen und zu den Fleischwürfeln geben.

4. Die Gewürze, Zutaten und evtl. Salz nach Geschmack zugeben, alles gut miteinander vermengen und die Masse in Schweinemägen füllen.

5. Danach die abgebundenen Fleischpreßsäcke 10 Minuten ins kochende Kesselwasser geben und anschließend, je nach Dicke, 1,5 - 2,5 Stunden in 80°C heißen Wasser fertig garen. Dabei rechnet man je Millimeter Magendurchmesser eine Minute Garzeit.

6. Dann werden die Fränkischen Fleischpreßsäcke zum kompletten Auskühlen auf eine angefeuchtete Tischplatte gelegt, dabei mit Hilfe eines beschwerten Kunststoffbrettes etwas gepresst, danach mit einem Tuch trockengerieben und anschließend 6 Stunden bei 20°C kalt geräuchert.

Weiße Zungenwurst

Material für 2,5 kg Weiße Zungenwurst

- 1,10 kg Schweineschulter
- 0,70 kg Schweinespeck
- 0,40 kg Schwarten
- 0,30 kg Rinderzunge

Gewürze und Zutaten

- 65 g Salz
- 7,5 g Pfeffer, gemahlen
- 2,5 g Muskat, gemahlen
- 15 g Pistazien, geschält

Zubereitung:

1. Die Rinderzunge einen Tag in 10%iger Lake vorpökeln, danach in 80°C heißem Wasser bis zur Kerntemperatur von 65°C garen und nach dem Abkühlen in 0,5cm große Würfel schneiden.

2. Die rohe Schulter und den Speck durch die 3mm - Scheibe wolfen.

3. Dann die mittelweich vorgegarten und noch warmen Schwarten zweimal durch die 2mm - Scheibe wolfen, mit 0,4 Liter der Kochbrühe vermischen und zum restlichen Material geben.

4. Die Gewürze, Zutaten und grob gehackten Pistazien zugeben, alles gut miteinander vermengen und die Masse in weite Rinderbutten füllen.

5. Danach die abgebundenen Zungenwürste 10 Minuten ins kochende Kesselwasser geben und anschließend, je nach Dicke, 1,5 - 2 Stunden in 80°C heißen Wasser fertig garen. Dabei rechnet man je Millimeter Darmdurchmesser eine Minute Garzeit.

6. Dann werden die Weißen Zungenwürste zum kompletten Auskühlen auf eine angefeuchtete Tischplatte gelegt, dabei mit Hilfe eines beschwerten Kunststoffbrettes etwas gepresst, danach mit einem Tuch trockengerieben und anschließend 6 Stunden bei 20°C kalt geräuchert.

Schwartenmagen

Material für 2,5 kg Schwartenmagen

- 1,20 kg Kalbsschulter
- 0,70 kg fetter Schweinenacken
- 0,60 kg Schwarten

Gewürze und Zutaten

- 7,5 g weißer Pfeffer, gemahlen
- 2,5 g Muskat, gemahlen
- 0,5 g Nelken, gemahlen
- 4,0 cl trockener Weißwein

Zubereitung:

1. Das Kalbsfleisch und den Nacken 4 Tage in 10%iger Lake vorpökeln, danach in 80°Cheißem Wasser bis zur Kerntemperatur von 65°C garen und nach dem Abkühlen in 1,5cm große Würfel schneiden.

2. Die mittelweich vorgegarten und noch warmen Schwarten durch die 2mm - Scheibe wolfen, mit 0,6 Liter der Kochbrühe vermischen und zu den nochmals kurz abgebrühten Fleischwürfeln geben.

3. Die Gewürze, Zutaten und evtl. Salz nach Geschmack zugeben, alles gut miteinander vermengen und die Masse in Schweinemägen füllen.

4. Danach die abgebundenen Schwartenmägen 10 Minuten ins kochende Kesselwasser geben und anschließend, je nach Dicke, 1,5 - 2,5 Stunden in 80°C heißen Wasser fertig garen. Dabei rechnet man je Millimeter Magendurchmesser eine Minute Garzeit.

5. Anschließend werden die Schwartenmägen zum kompletten Auskühlen auf eine angefeuchtete Tischplatte gelegt und dabei mit Hilfe eines beschwerten Kunststoffbrettes etwas gepresst.

6. Zum Schluss reibt man sie mit einem Tuch trocken und räuchert sie dann 12 Stunden bei 20°C im Kaltrauch.

Rheinische Kümmelsülze

Material für 2,5 kg Rheinische Kümmelsülze

- 0,75 kg Schweinekopffleisch
- 0,75 kg Rinderschulter
- 0,50 kg Schweinebauch ohne Schwarte
- 0,50 L Kesselbrühe

Gewürze und Zutaten

- 10 g Salz
- 6,0 g Pfeffer, gemahlen
- 5,0 g Kümmel, ganz
- 2,0 g Macis, gemahlen
- 1,5 g Ingwer, gemahlen
- 45 g Aspikpulver

Zubereitung:

1. Das Material 3 Tage in 10%iger Lake vorpökeln, danach bissfest garen, nach dem Abkühlen in 1cm große Würfel schneiden und vor der Weiterverarbeitung nochmals kurz abbrühen.
2. Das Aspikpulver in etwas kaltem Wasser ca. 10 Minuten vorquellen lassen und dann in der heißen Kesselbrühe restlos auflösen.
3. Danach die restlichen Gewürze und Zutaten einrühren, die Fleischwürfel zugeben und alles gut miteinander vermengen.
4. Die Kümmelsülzmasse anschließend in mittelgroße Kunstdärme füllen und einzelne Würste in entsprechender Länge abbinden.
5. Die Würste dann unter mehrmaligem Wenden unter kaltem Wasser abkühlen und dann solange kühl lagern, bis sie schnittfest sind.

Hessische Schüsselsülze

Material für 2,5 kg Hessische Schhüsselsülze

- 1,20 kg Schweinekopffleisch
- 0,60 kg Eisbeinfleisch
- 0,20 kg Schweinebauch ohne Schwarte
- 0,50 L Kesselbrühe

Gewürze und Zutaten

- 10 g Salz
- 6,0 g weißer Pfeffer, gemahlen
- 2,0 g Kümmel, gemahlen
- 30 g Zwiebelwürfel
- 45 g Aspikpulver
- einige Scheiben gekochtes Ei

Zubereitung:

1. Das Material 2 Tage in 10%iger Lake vorpökeln, danach bissfest garen, nach dem Abkühlen in 1cm große Würfel schneiden und vor der Weiterverarbeitung nochmals kurz abbrühen.
2. Das Aspikpulver in etwas kaltem Wasser ca. 10 Minuten vorquellen lassen und dann in der heißen Kesselbrühe restlos auflösen.
3. Danach die restlichen Gewürze und Zutaten einrühren, die Fleischwürfel zugeben und alles gut miteinander vermengen.
4. Die Sülzmasse anschließend in kleinere Glasschüsseln füllen auf deren Boden zuvor eine Scheibe gekochtes Ei gelegt wurde und solange kühl stellen, bis sie schnittfest ist.
5. Nach dem Erkalten werden die Glasschüsseln kurz in heißes Wasser gestellt. Dadurch lässt sich die Sülze dann problemlos herausstürzen.

Delikatess-Schinkensülze

Material für 2,5 kg Delikatess-Schinkensülze

- 1,50 kg Schweineoberschale
- 0,40 kg Schweinebacken
- 0,60 L Kesselbrühe

Gewürze und Zutaten

- 10 g Salz
- 7,5 g weißer Pfeffer, gemahlen
- 1,5 g Muskat, gemahlen
- 1,5 g Piment, gemahlen
- 55 g Aspikpulver

Zubereitung:

1. Das Schweinefleisch 3 Tage in 10%iger Lake vorpökeln, danach bissfest garen, nach dem Abkühlen in 1cm große Würfel schneiden und vor der Weiterverarbeitung nochmals kurz abbrühen.
2. Das Aspikpulver in etwas kaltem Wasser ca. 10 Minuten vorquellen lassen und dann in der heißen Kesselbrühe restlos auflösen.
3. Danach die restlichen Gewürze und Zutaten einrühren, die Fleischwürfel zugeben und alles gut miteinander vermengen.
4. Die Schinkensülzmasse anschließend in rechteckige Formen füllen und solange kühl stellen, bis sie schnittfest ist.
5. Nach dem Erkalten werden die Formen kurz in heißes Wasser gestellt. Dadurch lässt sich die Schinkensülze dann problemlos herausstürzen.

Rohwürste

Rohwürste

Rohwürste werden aus ungekochtem Material hergestellt und meist auch roh verzehrt. Unterschieden werden schnittfeste und streichfähige Würste.

Für die Rohwurstherstellung eignet sich am besten das Fleisch älterer Tiere, da es durch seinen niedrigen Wassergehalt und ph-Wert schön fest und trocken ist.

Die Herstellung schnittfester Rohwürste

Bei der Herstellung von schnittfesten Rohwürsten wird das Fettmaterial nur grob zerkleinert. Dadurch verbindet es sich nicht sehr stark mit dem Magerfleisch und ist sichtbarer in der fertigen Wurst.

Durch den anschließenden, mit der Austrocknung der Wurst verbundenen Reifungsprozess, können schnittfeste Rohwürste lange ungekühlt aufbewahrt werden.

Fett und Fleisch vorbereiten

Als Fettmaterial sollte nur kerniger und gut entschwarteter Schweinespeck vom Rücken, Nacken oder der Schulter verwendet werden. Er wird vorher in 5 mm dicke Scheiben geschnitten und dann 1 - 2 Tage bei einer Temperatur von mindestens -18°C eingefroren.

Als Magerfleisch eignet sich am besten das Schinken- und Schulterfleisch vom Schwein sowie das Keulen- und Schulterfleisch vom Rind. Vor der Verarbeitung müssen alle Sehnen und blutigen Bestandteile vom Fleisch entfernt werden. Dann wird es in Stücke geschnitten und 3 - 4 Stunden bei -18°C angefroren. Dadurch erhält man später bei der fertigen Wurst ein sauberes Schnittbild.

Das Material zerkleinern

Je nach Rezept lässt man das zuvor gewürzte Magerfleisch durch den Wolf oder kuttert es bei langsamer Geschwindigkeit solange unter Zugabe der Gewürze, bis es etwas gebunden ist.

Danach wird es entweder solange gut mit dem zuvor ebenfalls gewolften Speck vermengt bis die Masse gebunden ist oder der Speck wird bei höherer Geschwindigkeit bis zur gewünschten Körnung untergekuttert.

Beim Kuttern muss unbedingt darauf geachtet werden, dass die Temperatur der Rohwurstmasse höchstens 2°C beträgt. Ansonsten muss sie nochmals gekühlt werden.

Rohwürste

Das Abfüllen

Anschließend füllt man die Rohwurstmasse möglichst luftfrei in Fettenden, Mitteldärme, Kranzdärme, Butten oder Kunstdärme. Dünnere Rohwurstsorten wie z. B. Knacker werden auch in enge Schweinedärme gefüllt.

Wenn die Temperatur der Rohwurstmasse während des Füllens auf über 4°C ansteigt, muss sie wieder heruntergekühlt werden.

Umröten, Räuchern und Reifung der Würste

Nach dem Füllen werden die in der gewünschten Länge abgebundenen Würste solange zum Umröten in einen 15°C - 20°C temperierten Raum mit guter Belüftung gehängt, bis die Wurstmasse rosarot durch den Darm scheint. Ideal ist eine Luftfeuchtigkeit von 85% - 90%.

Anschließend räuchert man die schnittfesten Rohwürste solange kalt, bis sie die gewünschte Farbe angenommen haben.

Damit die Würste dann schnittfest werden, müssen sie hängend in einem dunklen, gut belüfteten und zwischen 12°C - 15°C temperierten Raum reifen. Feuchtigkeit und Durchzug sind dabei unbedingt zu vermeiden.

Der Reifeprozess ist abhängig von der jeweiligen Sorte und kann von einigen Tagen bis zu mehreren Wochen dauern.

Die Herstellung streichfähiger Rohwürste

Bei der Herstellung streichfähiger Rohwürste wird das Fettmaterial mehr zerkleinert als bei den schnittfesten Sorten. Dadurch werden die ebenfalls zerkleinerten Fleischteilchen besser umhüllt, was die fertige Wurst letztendlich streichfähig macht.

Wegen ihrer geringen Austrocknung nach dem Umrötungsprozess sind streichfähige Rohwürste nicht so lange haltbar wie schnittfeste Sorten.

Fett und Fleisch vorbereiten

Da für die Herstellung von streichfähigen Rohwürsten Fettmaterial mit „schmalzigen“ Eigenschaften benötigt wird, eignen sich hierfür fetter Schweinebauch, Wammen- oder Schinkenspeck am besten.

Als Magerfleisch verwendet man Schinken-, Schulter- und mageres Bauchfleisch vom Schwein sowie Keulen- und Schulterfleisch vom Rind.

Das Fett und Fleisch wird vor der Verarbeitung in Stücke geschnitten und dann auf eine Temperatur zwischen 0°C - 1°C gekühlt.

Rohwürste

Das Material zerkleinern und abfüllen

Für feinere Rohwurstorten wird das Material durch die 2mm - Scheibe des Wolfes gelassen und dann zusammen mit den Gewürzen feingekuttert.

Danach gibt man das Salz zu und kuttert alles solange, bis das Wurstbrät gut vermischt ist.

Soll eine grobe Sorte hergestellt werden, wird das gesamte Material in der gewünschten Größe gewolft und anschließend mit den Gewürzen und Zutaten vermengt.

Aus der Rohwurstmasse formt man dann möglichst luftfreie Ballen und füllt sie in Fettenden, Mitteldärme, Kranzdärme, Butten oder Kunstdärme.

Umröten, Räuchern und Lagerung der Würste

Nach dem Füllen werden die in der gewünschten Länge abgebundenen Würste mindestens einen Tag zum Umröten in einen 15°C - 20°C temperierten Raum mit guter Belüftung gehängt.

Ideal ist auch hier wieder eine Luftfeuchtigkeit von 85% - 90%.

Wenn die Wurstmasse rosarot durch den Darm scheint, räuchert man die streichfähigen Rohwürste solange bei ca. 20°C kalt, bis sie die gewünschte Farbe angenommen haben.

Danach werden sie hängend in einem 12°C - 15°C temperierten Raum mit einer Luftfeuchtigkeit von ca. 80% gelagert.

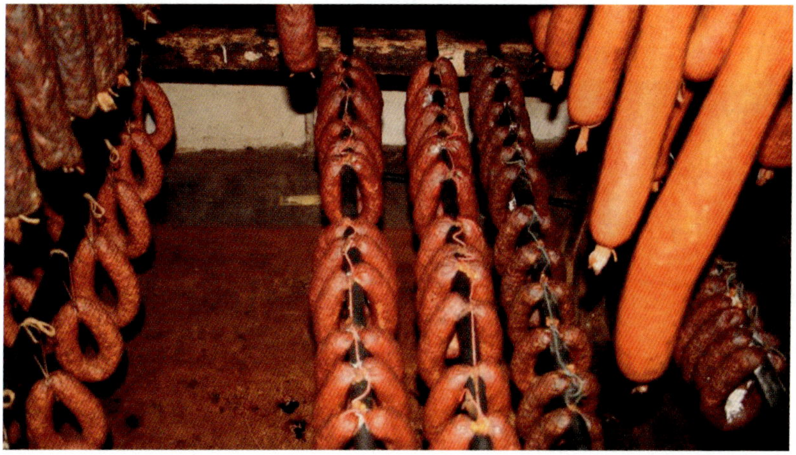

Herstellung von geräucherten Bratwürsten

Entweder das gewürzte Material wolfen...

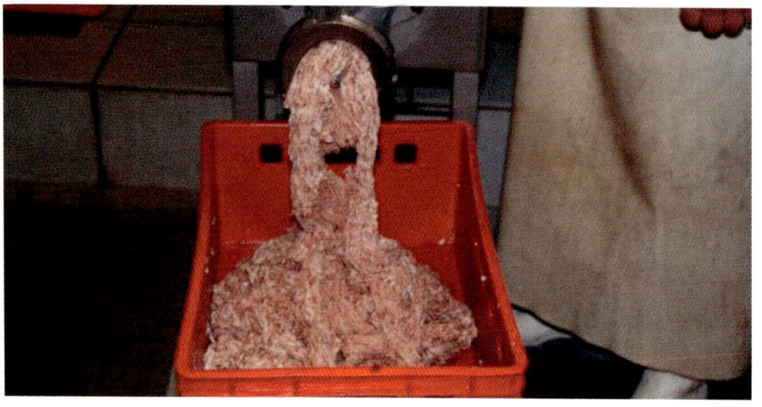

...oder Material mit Gewürzen und Speck bindig kuttern.

Wenn gewolft wurde, alles gut mit dem Speck vermengen.

Herstellung von geräucherten Bratwürsten

Die Masse in Kranzdärme füllen, Ringe abbinden…

…und nach dem Umröten kalt räuchern.

Die fertigen geräucherten Bratwürste.

Salami

Material für 2,5 kg Salami

- 1,00 kg Rinderschulter, angefroren
- 0,75 kg Schweineschulter, angefroren
- 0,75 kg Schweinerückenspeck, gefroren

Gewürze und Zutaten

- 75 g Nitritpökelsalz
- 5,0 g Rohrzucker
- 7,5 g weißer Pfeffer, gemahlen
- 2,5 g schwarze Pfefferkörner
- 2 Knoblauchzehen
- 8 cl Rum

Zubereitung:

1. Das in grobe Stücke geteilte Rindfleisch in einen im langsamen Gang laufenden und auf den Gefrierpunkt heruntergekühlten Kutter geben und dann bis zur feinsten Körnung kuttern.

2. Danach das ebenfalls in grobe Stücke geteilte Schweinefleisch sowie den in dünne Scheiben geschnittenen Speck zugeben und alles solange weiter kuttern, bis der Speck noch gut sichtbar ist.

3. Dabei müssen die Gewürze und Zutaten so rechtzeitig zugegeben werden, dass sie sich noch gut mit der Rohwurstmasse verbinden.

4. Dann wird die Masse in weite Mitteldärme gefüllt und einzelne Würste abgebunden.

5. Danach hängt man die Salamis solange zum Umröten in einen 12°C - 15°C temperierten Raum mit guter Belüftung und einer Luftfeuchtigkeit von 85% - 90%, bis die Wurstmasse rosarot durch den Darm scheint.

6. Anschließend werden die Salamis 24 Stunden bei max. 20°C kalt geräuchert und müssen dann noch 5 - 6 Tage hängend in einem 12°C - 15°C temperierten, nicht zu trockenem Raum reifen.

Gothaer Zervelatwurst

Material für 2,5 kg Gothaer Zervelatwurst

- 0,85 kg Schweineschulter, angefroren
- 0,80 kg Rinderschulter, angefroren
- 0,85 kg Schweinerückenspeck, gefroren

Gewürze und Zutaten

- 75 g Nitritpökelsalz
- 5,0 g Rohrzucker
- 7,5 g weißer Pfeffer, gemahlen
- 2,5 g weiße Pfefferkörner
- 1,2 g Kardamom, gemahlen

Zubereitung:

1. Die in grobe Stücke geteilte Schweine- und Rinderschulter in einen im langsamen Gang laufenden und auf den Gefrierpunkt heruntergekühlten Kutter geben und dann bis zur feinsten Körnung kuttern.

2. Danach den in dünne Scheiben geschnittenen Speck zugeben und alles im schnellsten Gang bis zur feinsten Körnung fertig kuttern.

3. Dabei müssen die Gewürze und Zutaten so rechtzeitig zugegeben werden, dass sie sich noch gut mit der Zervelatwurstmasse verbinden.

4. Dann wird die Masse in weite Mitteldärme gefüllt und einzelne Würste abgebunden.

5. Danach hängt man die Gothaer Zervelatwürste solange zum Umröten in einen 12°C - 15°C temperierten Raum mit guter Belüftung und einer Luftfeuchtigkeit von 85% - 90%, bis die Wurstmasse rosarot durch den Darm scheint.

6. Anschließend werden die Zervelatwürste 24 Stunden bei max. 20°C kalt geräuchert und müssen dann noch 5 - 6 Tage hängend in einem 12°C - 15°C temperierten, nicht zu trockenem Raum reifen.

Westfälische Schinkenplockwurst

Material für 2,5 kg Westfälische Schinkenplockwurst

- 1,00 kg Schweineoberschale, gut gekühlt
- 0,75 kg Rinderschulter, gut gekühlt
- 0,75 kg Schweinerückenspeck, gefroren

Gewürze und Zutaten

- 75 g Nitritpökelsalz
- 5,0 g Rohrzucker
- 5,0 g Pfeffer, gemahlen
- 1,0 g Paprika, edelsüß
- 4 cl Rum

Zubereitung:

1. Die Rinderschulter in grobe Stücke schneiden und durch die 5mm - Scheibe wolfen
2. Den Speck in 1cm große Würfel schneiden.
3. Dann das in grobe Stücke geteilte Schweinefleisch sowie das gewolfte Rindfleisch in einem im langsamen Gang laufenden und auf den Gefrierpunkt heruntergekühlten Kutter einige Runden laufen lassen.
4. Anschließend die Speckwürfel, Gewürze und Zutaten zugeben und alles solange im schnellsten Gang kuttern, bis der Speck in etwa die Größe einer Erbse hat.
5. Dann füllt man die Masse in mittelweite Mitteldärme und bindet einzelne Würste ab.
6. Danach werden die Plockwürste solange zum Umröten in einen 15°C temperierten Raum mit guter Belüftung gehängt, bis die Wurstmasse rosarot durch den Darm scheint.
7. Zum Schluss hängt man die Westfälischen Schinkenplockwürste 3 - 4 Tage bei max. 20°C in den Kaltrauch.

Knoblauch-Knacker

Material für 2,5 kg Knoblauch-Knacker

- 1,00 kg Schweineschulter, gut gekühlt
- 0,80 kg Schweinenuss, gut gekühlt
- 0,70 kg Schweinerückenspeck, gut gekühlt

Gewürze und Zutaten

- 70 g Nitritpökelsalz
- 5,0 g Rohrzucker
- 5,0 g weißer Pfeffer, gemahlen
- 1,0 g Macis, gemahlen
- 2 Knoblauchzehen

Zubereitung:

1. Das Material in grobe Stücke schneiden und nacheinander durch die 4mm - Scheibe wolfen.
2. Dann das gewolfte Material gut mit den Gewürzen sowie den gepressten Knoblauchzehen vermengen und in enge Schweinedärme füllen.
3. Danach einzelne Würste mit einem Stückgewicht von 60g abbinden und die Knoblauch-Knacker solange zum Umröten in einen 12°C - 15°C temperierten Raum mit guter Belüftung und einer Luftfeuchtigkeit von 85% - 90% hängen, bis die Wurstmasse rosarot durch den Darm scheint.
4. Anschließend werden die Knoblauch-Knacker 24 Stunden bei max. 20°C kalt geräuchert und müssen dann noch 3 - 4 Tage hängend in einem 12°C - 15°C temperierten, nicht zu trockenem Raum reifen.

Pfefferbeißer

Material für 2,5 kg Pfefferbeißer

- 1,00 kg Schweinenacken, gut gekühlt
- 0,90 kg Schweineschulter, gut gekühlt
- 0,60 kg Schweinerückenspeck, gut gekühlt

Gewürze und Zutaten

- 65 g Nitritpökelsalz
- 4,0 g Rohrzucker
- 4,0 g Pfeffer, geschrotet
- 3,0 g Pfeffer, gemahlen
- 1,0 g Koriander, gemahlen

Zubereitung:

1. Das Material in grobe Stücke schneiden und nacheinander durch die 3mm - Scheibe wolfen.
2. Dann das gewolfte Material gut mit den Gewürzen und Zutaten vermengen und in enge Schweinedärme füllen.
3. Danach einzelne Würste mit einer Länge von ca. 20cm abbinden und die Pfefferbeißer solange zum Umröten in einen 12°C - 15°C temperierten Raum mit guter Belüftung und einer Luftfeuchtigkeit von 85% - 90% hängen, bis die Wurstmasse rosarot durch den Darm scheint.
4. Anschließend werden die Pfefferbeißer 24 Stunden bei max. 20°C kalt geräuchert und müssen dann noch 2 - 3 Tage hängend in einem 12°C - 15°C temperierten, nicht zu trockenem Raum reifen.

Rauchenden

Material für 2,5 kg Rauchenden

- 1,10 kg Schweinschulter, gut gekühlt
- 1,00 kg fetter Schweinebauch, gut gekühlt
- 0,40 kg Rinderschulter, gut gekühlt

Gewürze und Zutaten

- 65 g Nitritpökelsalz
- 5,0 g weißer Pfeffer, gemahlen
- 4,0 g Rohrzucker
- 1,0 g Koriander, gemahlen
- 6,0 g gelbe Senfkörner

Zubereitung:

1. Das Material in grobe Stücke schneiden und nacheinander durch die 4mm - Scheibe wolfen.
2. Dann das gewolfte Material gut mit den Gewürzen und Zutaten vermengen und in enge Schweinedärme füllen.
3. Danach einzelne Würste mit einem Stückgewicht von 150g abbinden und und die Rauchenden solange zum Umröten in einen 12°C - 15°C Raum mit guter Belüftung und einer Luftfeuchtigkeit von 85% - 90% hängen, bis die Wurstmasse rosarot durch den Darm scheint.
4. Anschließend werden die Rauchenden 24 Stunden bei max. 20°C kalt geräuchert und müssen dann noch 2 - 3 Tage hängend in einem 12°C - 15°C temperierten, nicht zu trockenem Raum reifen.

Göttinger Blasenwurst

Material für 2,5 kg Göttinger Blasenwurst

- 0,90 kg Schweineschulter, gut gekühlt
- 0,80 kg Rinderschulter, gut gekühlt
- 0,80 kg Schweinerückenspeck, gut gekühlt

Gewürze und Zutaten

- 75 g Nitritpökelsalz
- 7,0 g Rohrzucker
- 5,0 g Pfeffer, gebrochen
- 2,5 g weiße Pfefferkörner
- 0,6 g Piment, gemahlen
- 8 cl Rum

Zubereitung:

1. Die in grobe Stücke geteilte Rinderschulter durch die 3mm - Scheibe wolfen, die Schweineschulter und den Speck in grobe Stücke schneiden.
2. Das gesamte Material danach in einen im langsamen Gang laufenden und auf den Gefrierpunkt heruntergekühlten Kutter geben und einige Runden laufen lassen.
3. Anschließend alles solange im schnellsten Gang kuttern, bis der Speck in etwa die Größe einer Linse hat.
4. Dabei müssen die Gewürze und Zutaten so rechtzeitig zugegeben werden, dass sie sich noch gut mit der Rohwurstmasse verbinden.
5. Dann wird die Masse luftfrei in Ballen geworfen und 12 Stunden zum Durchkonservieren in einen ca. 15°C temperierten Raum gestellt.
6. Anschließend füllt man sie in enge Kalbsblasen und hängt die abgebundenen Göttinger Blasenwürste zum Umröten in einen 12°C - 15°C Raum mit guter Belüftung und einer Luftfeuchtigkeit von 85% - 90%.
7. Wenn die Wurstmasse schön rot durch den Darm scheint und die Würste äußerlich vollständig abgetrocknet sind, werden sie 4 - 5 Tage bei ca. 15°C kalt geräuchert.

Hessische Senbratwurst

Material für 2,5 kg Hessische Senfbratwurst

- 1,30 kg Schweinenacken, gut gekühlt
- 0,40 kg Schweineschulter, gut gekühlt
- 0,80 kg Schweinenackenspeck, gut gekühlt

Gewürze und Zutaten

- 65 g Nitritpökelsalz
- 5,0 g Pfeffer, gemahlen
- 4,0 g Rohrzucker
- 1,0 g Paprika, edelsüß
- 10 g gelbe Senfkörner

Zubereitung:

1. Das Material in grobe Stücke schneiden und nacheinander durch die 4mm - Scheibe wolfen.
2. Dann das gewolfte Material gut mit den Gewürzen und Zutaten vermengen und in Kranzdärme füllen.
3. Die zu einzelnen Ringen abgebundenen Senfbratwürste dann solange zum Umröten in einen 12°C - 15°C Raum mit guter Belüftung und einer Luftfeuchtigkeit von 85% - 90% hängen, bis die Wurstmasse rosarot durch den Darm scheint.
4. Anschließend werden die Hessischen Senfbratwürste 24 Stunden bei max. 20°C kalt geräuchert und müssen dann noch ca. 3 Tage hängend in einem 12°C - 15°C temperierten, nicht zu trockenem Raum reifen.

Cabanossi

Material für 2,5 kg Cabanossi

- 1,00 kg Schweineschulter, angefroren
- 1,00 kg Schweinerückenspeck, gefroren
- 0,50 kg Rinderschulter, gut gekühlt

Gewürze und Zutaten

- 65 g Nitritpökelsalz
- 4,0 g Rohrzucker
- 4,0 g Pfeffer, gemahlen
- 3,0 g Paprika, rosenscharf
- 2,0 g Paprika, edelsüß
- 2 Knoblauchzehen

Zubereitung:

1. Die Hälfte der in grobe Stücke geteilten Schweinerschulter in einen im langsamen Gang laufenden und auf den Gefrierpunkt heruntergekühlten Kutter geben und dann bis zur feinsten Körnung kuttern.

2. Danach die restliche Schweineschulter, die in grobe Stücke geteilte Rinderschulter sowie den in dünne Scheiben geschnittenen Speck zugeben und alles im schnellsten Gang solange weiter kuttern, bis der Speck noch gut sichtbar ist.

3. Dabei müssen die Gewürze und gepressten Knoblauchzehen so rechtzeitig zugegeben werden, dass sie sich noch gut mit der Wurstmasse verbinden.

4. Dann wird die Cabanossimasse in enge Schweinedärme gefüllt und einzelne Würste mit einer Länge von 20cm abgebunden.

5. Anschließend hängt man die Cabanossi solange zum Umröten in einen 15°C temperierten Raum mit guter Belüftung und einer Luftfeuchtigkeit von 85% - 90%, bis die Wurstmasse rosarot durch den Darm scheint.

6. Zum Schluss werden sie 24 Stunden bei max. 20°C kalt geräuchert und müssen dann noch 3 - 4 Tage hängend in einem 12°C - 15°C temperierten, nicht zu trockenem Raum reifen.

Geräucherte Lungenwurst

Material für 2,5 kg Geräucherte Lungenwurst

- 1,40 kg Schweineschulter, gut gekühlt
- 0,50 kg Schweinelunge, gut gekühlt
- 0,60 kg Schweinerückenspeck, gut gekühlt

Gewürze und Zutaten

- 65 g Nitritpökelsalz
- 5,0 g Pfeffer, gemahlen
- 4,0 g Rohrzucker
- 1,0 g Paprika, edelsüß
- 10 g gelbe Senfkörner

Zubereitung:

1. Das Material erst in grobe Stücke schneiden und dann nacheinander die Schulter und den Speck durch 5mm - Scheibe und die Lunge durch die 3mm - Scheibe wolfen.
2. Dann das gewolfte Material gut mit den Gewürzen und Zutaten vermenmengen, in Kranzdärme füllen und einzelne Ringe abbinden.
3. Danach die Lungenwürste solange zum Umröten in einen 12°C - 15°C temperierten Raum mit guter Belüftung und einer Luftfeuchtigkeit von 85% - 90% hängen, bis die Wurstmasse rosarot durch den Darm scheint.
4. Anschließend werden die Lungenwürste 24 Stunden bei max. 20°C kalt geräuchert und müssen dann noch ca. 2 - 3 Tage hängend in einem 12°C - 15°C temperierten, nicht zu trockenem Raum reifen.

Polnische Rohwurst

Material für 2,5 kg Polnische Rohwurst

- 1,30 kg Rinderschulter, gut gekühlt
- 1,20 kg fetter Schweinebauch, gut gekühlt

Gewürze und Zutaten

- 65 g Nitritpökelsalz
- 7,0 g Pfeffer, gemahlen
- 4,0 g Rohrzucker
- 1,0 g Koriander, gemahlen
- 2 Knoblauchzehen

Zubereitung:

1. Das Material erst in grobe Stücke schneiden und dann nacheinander die Rinderschulter durch die die 3mm - Scheibe und den Schweinebauch durch die 5mm - Scheibe wolfen.
2. Dann das gewolfte Material gut mit den Gewürzen und den gepressten Knoblauchzehen vermengen, in Kranzdärme füllen und einzelne Ringe von 40cm Gesamtlänge abbinden.
3. Die Polnischen Rohwürste dann solange zum Umröten in einen 12°C - 15°C Raum mit guter Belüftung und einer Luftfeuchtigkeit von 85% - 90% hängen, bis die Wurstmasse rosarot durch den Darm scheint.
4. Anschließend werden die Würste 48 Stunden bei max. 20°C kalt geräuchert und müssen dann noch 8 - 10 Tage hängend in einem 12°C - 15°C temperierten, nicht zu trockenem Raum reifen.

Brühwürste

Brühwürste

Brühwürste werden aus zerkleinertem Fleisch und Speck hergestellt. Bei den meisten Sorten erfolgt danach die Weiterverarbeitung des Materials im Kutter, unter Zugabe von Nitritpökelsalz, Gewürzen und Eisschnee.

Die verschiedenen Brühwurstsorten werden dann entweder während ihrer Herstellung oder kurz vor dem Verzehr gebrüht, gebacken, gebraten oder gegrillt.

Im Unterschied zu anderen Wurstarten bleiben Brühwürste auch bei einem erneuten Erhitzen schnittfest.

Die Herstellung von Brühwürsten

Für die Herstellung von Brühwurst eignet sich am besten das Fleisch von jüngeren Tieren, da es einen hochprozentigen Eiweißanteil besitzt. Bei der entsprechenden Verarbeitung kann es dadurch große Mengen von Fremdwasser binden. Verwendet werden können dabei sämtliche Abschnitte vom Schwein und Rind.

Allerdings hat nur frisch geschlachtetes Fleisch einen optimalen ph-Wert von 7,0, also einen neutralen Grad der Fleischsäuerung. Dadurch kann sich das darin enthaltene Eiweiß sehr gut mit Fett und Wasser verbinden.

Der ph-Wert von gekühltem oder gefrorenem Magerfleisch ist zu niedrig und muss deshalb während des Kutterns durch die Zugabe sogenannter Kutterhilfsmittel wie Phosphat, Kaliumnitrat oder Citrat wieder angehoben werden. Ohne die Verwendung dieser Kutterhilfsmittel hätte das Fleisch ein zu schlechtes Wasserbindevermögen und das Brät würde trocken und klumpig werden.

Als Fettmaterial für die Brühwurstherstellung eignen sich gut entschwarteter Schweinespeck und gut entschwarteter Schweinebauch. Um ein späteres Schmieren während des Kutterns zu vermeiden, sollte das Fett vor seiner Verarbeitung über Nacht bei einer Temperatur zwischen -1°C bis +1°C gut durchgekühlt werden.

Das Material kuttern und Abfüllen

Nachdem das zuvor in Stücke geschnittene Magerfleisch durch die 2mm - Scheibe des Wolfes gelassen wurde, kuttert man es anschließend solange im langsamen Gang, bis die Kuttermesser alles erfasst haben. Bei der Verwendung von gekühltem oder gefrorenem Fleisch muss dabei Kutterhilfsmittel in Form von Phosphat zugegeben werden.

Brühwürste

Das Material kuttern und abfüllen

Je Kilogramm Magerfleisch und je Kilogramm des später mitzukutternden Fettmaterials rechnet man 3,0g Phosphat. Somit benötigt man beispielsweise für 3,5 kg Magerfleisch und 1,5 kg Fett insgesamt 15g Phosphat.

Dann gibt man langsam 2/3 des Eisschnees zu und kuttert das Brät bindig. Dabei sollte die Temperatur von 3°C nicht überschritten werden.

Danach wird der gut gekühlte, ebenfalls zuvor durch den Wolf gelassene Speck langsam untergekuttert, der restliche Eisschnee zugegeben und das Brät im schnellsten Gang bis zur Temperatur von 10°C fertig gekuttert.

Die Gewürze und Zutaten müssen dabei so rechtzeitig zugegeben werden, dass sie sich noch gut mit dem Brät vermischen.

Anschließend lässt man das Brät noch solange im langsamen Gang laufen, bis die Temperatur auf 12°C angestiegen ist. Dadurch kann überschüssige Luft entweichen und Fehler in der fertigen Wurst werden vermieden.

Bratwürste für den Grill oder die Pfanne bilden die einzige Ausnahme bei den Brühwürsten, denn das Brät hierfür kann man im Kutter oder auch nur mit dem Fleischwolf herstellen.

Nach dem Wolfen oder Kuttern erfolgt die Abfüllung des Bräts in die der jeweiligen Brühwurstsorte entsprechenden Därme.

Bockwürste, Wiener Würstchen und Bratwürste werden in Saitlinge, Knack- und Fleischwürste in Kranzdärme gefüllt.

Für Brühwurstsorten mit größerem Kaliber wie Jagdwurst, Schinkenwurst und Mortadella, eignen sich Rindermitteldärme oder Rinderbutten.

Das Füllen darf nicht zu fest geschehen, da der Darm während des Brühvorgangs einschrumpft und dann sehr schnell reißen kann.

Trocknen, Räuchern und Brühen der Würste

Brühwürstchen wie z.B. Bockwürste und Wiener Würstchen lässt man nach dem Füllen kurz abtrocknen und hängt sie dann 60 Minuten bei einer Temperatur von 60°C - 70°C in den Heißrauch.

Anschließend werden sie 15 Minuten in 70°C heißem Wasser gebrüht und dann ca. 10 Minuten zum Abkühlen in kaltes Wasser gelegt. Dadurch wird außerdem verhindert, dass der Darm faltig wird.

Alle anderen Brühwurstsorten können nach dem Vortrocknen ebenfalls etwas heiß angeräuchert werden.

Brühwürste

Trocknen, Räuchern und Brühen der Würste

Üblicherweise werden sie aber sofort nach dem Abfüllen in 75°C - 78°C heißem Wasser gebrüht, wobei sich auch hier die Brühdauer nach dem Wurstkaliber richtet.

Sorten mit kleinerem Kaliber wie Fleisch- und Knackwürste müssen ca. 60 Minuten und Sorten mit größerem Kaliber wie Jagdwurst und Mortadella ca. 2 bis 2 ½ Stunden gebrüht werden.

Nach dem Brühen wäscht man die Würste mit lauwarmem Wasser ab und lässt sie dann auf angefeuchteten Metalltischen erkalten.

Auch bei diesen Herstellungsschritten bilden die Bratwürste für den Grill oder die Pfanne wieder die Ausnahme, denn sie werden nach dem Füllen weder getrocknet, geräuchert oder gebrüht. Ihre Erhitzung erfolgt kurz vor dem Verzehr.

Anschließend sollten alle Brühwurstsorten dann bei einer Temperatur von 4°C gelagert werden.

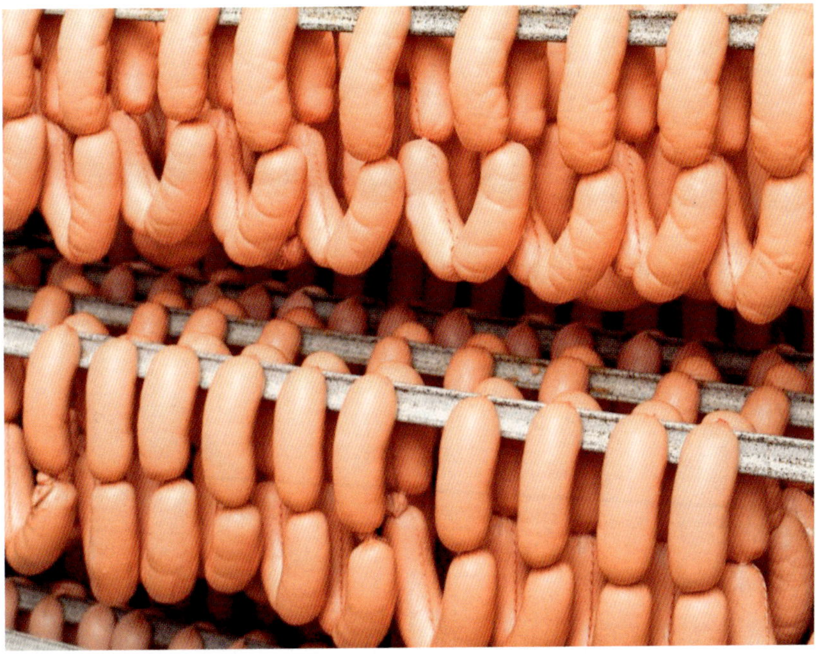

Herstellung von „Thüringer Bratwurst“

Den Speck…

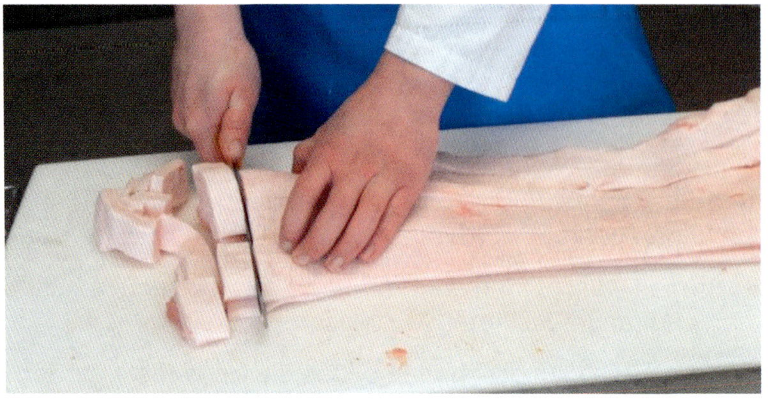

…und die Schweineschulter zuschneiden.

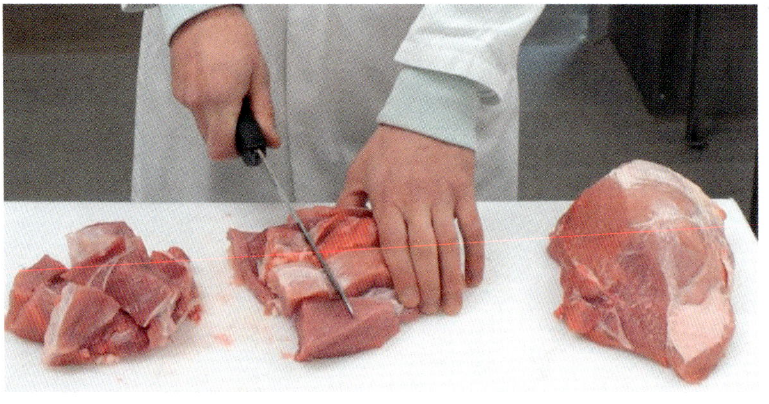

Das Material gut mit den Gewürzen vermengen…

Herstellung von „Thüringer Bratwurst“

...und durch den Wolf lassen.

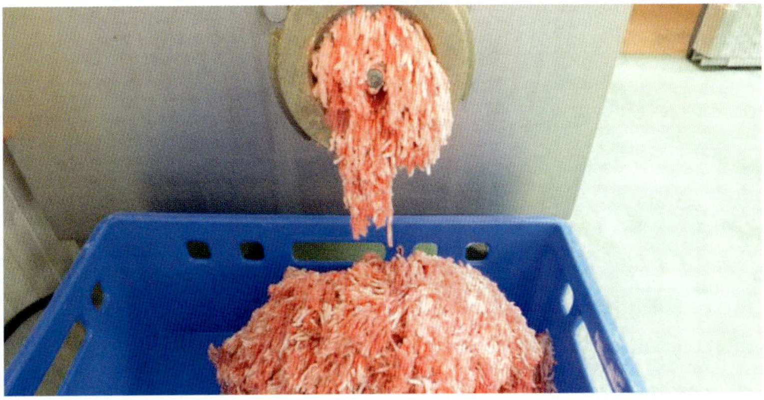

Die Bratwurstmasse in enge Schweinedärme abfüllen...

...und einzelne Würste abdrehen.

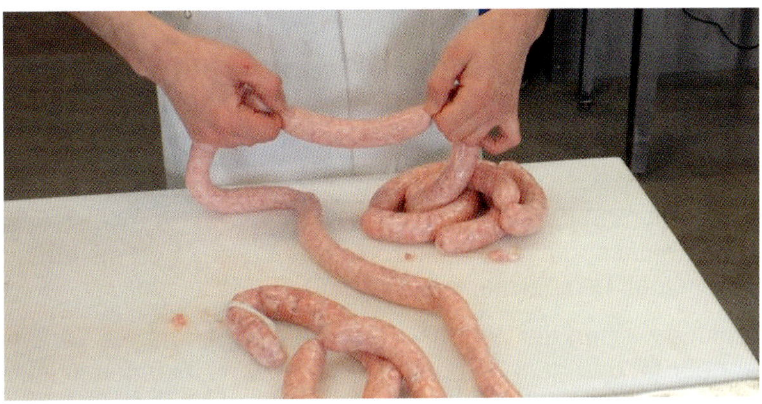

Wiener Würtchen

Material für 2,5 kg Wiener Würstchen

- 0,90 kg Jungbullenfleisch
- 0,70 kg Schweinerückenspeck, gut gekühlt
- 0,50 kg Schweineschulter
- 0,40 kg Eisschnee

Gewürze und Zutaten

- 60 g Nitritpökelsalz
- 5,0 g Pfeffer, gemahlen
- 1,2 g Paprika, edelsüß
- 1,2 g Macis, gemahlen

Zubereitung:

1. Das frisch geschlachtete Jungbullen- und Schweinefleisch grob zerteilen, durch die 3mm - Scheibe wolfen und zur weiteren Zerkleinerung einige Runden im langsamen Gang kuttern.
2. Dann gibt man langsam 2/3 des Eisschnees dazu und kuttert das Brät bindig. Dabei sollte die Temperatur von 3°C nicht überschritten werden.
3. Danach wird der gut gekühlte, zuvor durch die 2mm - Scheibe gewolfte Speck langsam untergekuttert, der restliche Eisschnee zugegeben und das Brät im schnellsten Gang bis zu einer Temperatur von 10°C fertig gekuttert.
4. Dabei müssen die Gewürze und Zutaten so rechtzeitig zugegeben werden, dass sie sich noch gut mit dem Brät vermischen.
5. Anschließend lässt man es noch solange im langsamen Gang laufen, bis die Brättemperatur auf 12°C angestiegen ist. Dadurch kann überschüssige Luft entweichen und spätere Fehler in der fertigen Wurst werden vermieden.
6. Die Masse füllt man dann in Schafssailtlinge, dreht paarweise Würstchen von je 50g ab, lässt diese kurz abtrocknen und räuchert sie danach eine Stunde bei einer Temperatur zwischen 60°C - 70°C heiß.
7. Zum Schluss werden die Wiener Würstchen 15 Minuten in 70°C heißem Wasser gebrüht und dann ein paar Minuten zum Abkühlen in kaltes Wasser gelegt.

Berliner Bockwurst

Material für 2,5 kg Berliner Bockwurst

- 1,00 kg Jungbullenfleisch
- 0,60 kg Schweinenacken
- 0,50 kg fetter Schweinebauch, gut gekühlt
- 0,40 kg Eisschnee

Gewürze und Zutaten

- 60 g Nitritpökelsalz
- 4,0 g Paprika, edelsüß
- 2,5 g Muskat, gemahlen
- 0,5 g Knoblauchpulver

Zubereitung:

1. Das frisch geschlachtete Jungbullenfleisch und den Schweinenacken grob zerteilen, durch die 2mm - Scheibe wolfen und zur weiteren Zerkleinerung einige Runden im langsamen Gang kuttern.
2. Dann gibt man langsam 2/3 des Eisschnees dazu und kuttert das Brät bindig. Dabei sollte die Temperatur von 3°C nicht überschritten werden.
3. Danach wird der gut gekühlte, zuvor durch die 2mm - Scheibe gewolfte Schweinebauch ohne Schwarte langsam untergekuttert, der restliche Eisschnee zugeben und das Brät im schnellsten Gang bis zu einer Temperatur von 10°C fertig gekuttert.
4. Dabei müssen die Gewürze und Zutaten so rechtzeitig zugegeben werden, dass sie sich noch gut mit dem Brät vermischen.
5. Anschließend lässt man es noch solange im langsamen Gang laufen, bis die Brättemperatur auf 12°C angestiegen ist. Dadurch kann überschüssige Luft entweichen und spätere Wurstfehler werden vermieden.
6. Die Masse füllt man dann in enge Schweinedärme, Kaliber 28/30, dreht paarweise Würstchen von je 100g ab, lässt diese kurz abtrocknen und räuchert sie danach eine Stunde bei einer Temperatur zwischen 60°C - 70°C heiß.
7. Zum Schluss werden die Berliner Bockwürste 20 Minuten in 70°C heißem Wasser gebrüht und dann ein paar Minuten zum Abkühlen in kaltes Wasser gelegt.

Knobländer

Material für 2,5 kg Knobländer

- 1,40 kg Jungbullenfleisch
- 0,70 kg Schweinerückenspeck, gut gekühlt
- 0,40 kg Eisschnee

Gewürze und Zutaten

- 60 g Nitritpökelsalz
- 5,0 g Pfeffer, gemahlen
- 2,5 g Paprika, edelsüß
- 1,2 g Macis, gemahlen
- 2 Knoblauchzehen

Zubereitung:

1. Das frisch geschlachtete Jungbullenfleisch in grobe Stücke schneiden, durch die 2mm - Scheibe wolfen und zur weiteren Zerkleinerung einige Runden im langsamen Gang kuttern.
2. Dann gibt man langsam 2/3 des Eisschnees dazu und kuttert das Brät bindig. Dabei sollte die Temperatur von 3°C nicht überschritten werden.
3. Danach wird der gut gekühlte, zuvor durch die 2mm - Scheibe gewolfte Rückenspeck langsam untergekuttert, der restliche Eisschnee zugeben und das Brät im schnellsten Gang bis zu einer Temperatur von 10°C fertig gekuttert.
4. Dabei müssen die Gewürze und der gepresste Knoblauch so rechtzeitig zugegeben werden, dass sie sich noch gut mit dem Brät vermischen.
5. Anschließend lässt man es noch solange im langsamen Gang laufen, bis die Brättemperatur auf 12°C angestiegen ist. Dadurch kann überschüssige Luft entweichen und spätere Wurstfehler werden vermieden.
6. Die Masse füllt man dann in enge Schweinedärme, Kaliber 28/30, dreht paarweise Würstchen von je 120g ab, lässt diese kurz abtrocknen und räuchert sie danach eine Stunde bei einer Temperatur zwischen 60°C - 70°C heiß.
7. Zum Schluss werden die Knobländer 20 Minuten in 70°C heißem Wasser gebrüht und danach ein paar Minuten zum Abkühlen in kaltes Wasser gelegt.

Frankfurter Fleischwurst

Material für 2,5 kg Frankfurter Fleischwurst

- 1,00 kg Schweineoberschale
- 0,70 kg Schweinerückenspeck, gut gekühlt
- 0,40 kg Schweineschulter
- 0,40 kg Eisschnee

Gewürze und Zutaten

- 60 g Nitritpökelsalz
- 5,0 g Zucker
- 7,5 g Pfeffer, gemahlen
- 2,5 g Muskat, gemahlen
- 0,5 Knoblauchpulver

Zubereitung:

1. Das frisch geschlachtete Schweinefleisch in grobe Stücke schneiden, durch die 2mm - Scheibe wolfen und zur weiteren Zerkleinerung einige Runden im langsamen Gang kuttern.
2. Dann gibt man langsam 2/3 des Eisschnees dazu und kuttert das Brät bindig. Dabei sollte die Temperatur von 3°C nicht überschritten werden.
3. Danach wird der gut gekühlte, zuvor durch die 2mm - Scheibe gewolfte Rückenspeck langsam untergekuttert, der restliche Eisschnee zugeben und das Brät im schnellsten Gang bis zu einer Temperatur von 10°C fertig gekuttert.
4. Dabei müssen die Gewürze und Zutaten so rechtzeitig zugegeben werden, dass sie sich noch gut mit dem Brät vermischen.
5. Anschließend lässt man es noch solange im langsamen Gang laufen, bis die Brättemperatur auf 12°C angestiegen ist. Dadurch kann überschüssige Luft entweichen und spätere Wurstfehler werden vermieden.
6. Die Masse füllt man dann in Rinderkranzdärme, bindet einzelne Ringe ab, brüht die Würste ca. 45 Minuten in 75°C heißem Wasser und legt sie anschließend 5 Minuten zum Abkühlen in kaltes Wasser.
7. Wenn die Frankfurter Fleischwürste abgekühlt sind, werden sie einige Stunden zum Trocknen aufgehängt und dann bei max. 4°C gelagert.

Kulmbacher Fleischkäse

Material für 2,5 kg Kulmbacher Fleischkäse

- 0,80 kg Rinderschulter
- 0,60 kg Schweinenacken
- 0,60 kg Schweinerückenspeck, gut gekühlt
- 0,50 kg Eisschnee

Gewürze und Zutaten

- 65 g Nitritpökelsalz
- 6,0 g weißer Pfeffer, gemahlen
- 4,0 g Zucker
- 1,0 g Kardamom, gemahlen
- 0,5 g Ingwer, gemahlen
- 25 g Zwiebeln, geschmort

Zubereitung:

1. Das frisch geschlachtete Rind- und Schweinefleisch in grobe Stücke schneiden, durch die 2mm - Scheibe wolfen und zur weiteren Zerkleinerung einige Runden im langsamen Gang kuttern.
2. Dann gibt man langsam 2/3 des Eisschnees dazu und kuttert das Brät bindig. Dabei sollte die Temperatur von 3°C nicht überschritten werden.
3. Danach wird der gut gekühlte, zuvor durch die 2mm - Scheibe gewolfte Rückenspeck langsam untergekuttert, der restliche Eisschnee zugeben und das Brät im schnellsten Gang bis zu einer Temperatur von 10°C fertig gekuttert.
4. Dabei müssen die Gewürze und Zutaten so rechtzeitig zugegeben werden, dass sie sich noch gut mit dem Fleischkäsebrät vermischen. Anschließend lässt man es noch solange im langsamen Gang laufen, bis die Brättemperatur auf 12°C angestiegen ist.
5. Die Masse füllt man dann in eine mit Backpapier ausgeschlagene Kastenform passender Größe, streicht sie glatt, legt ein Schweinenetz darüber und stellt sie in einen auf 200°C vorgeheizten Backofen.
6. Anschließend wird der Fleischkäse 1,5 - 2 Stunden gebacken. Ob er gar ist, kann man durch das Hineinstechen mit einer dünnen Nadel prüfen. Bleibt beim Herausziehen nichts von der Masse an der Nadel hängen, ist er fertig gebacken.
7. Wenn der Kulmbacher Fleischkäse abgekühlt ist, wird er durch Anheben des Backpapiers aus der Form genommen.

Jagdwurst Gothaer Art

Material für 2,5 kg Jagdwurst Gothaer Art

- 1,60 kg fetter Schweinenacken
- 0,90 kg Jungbullenfleisch

Gewürze und Zutaten

- 60 g Nitritpökelsalz
- 7,0 g Pfeffer, gemahlen
- 5,0 g Zucker
- 2,5 g Koriander, gemahlen
- 0,5 g Knoblauchpulver

Zubereitung:

1. Das frisch geschlachtete Schweine- und Jungbullenfleisch in grobe Stücke schneiden.
2. Das Jungbullenfleisch dann durch die 2mm - Scheibe wolfen und zur weiteren Zerkleinerung einige Runden im langsamen Gang kuttern.
3. Dann gibt man langsam 100ml Eiswasser dazu und kuttert das Brät bindig. Dabei sollte die Temperatur von 3°C nicht überschritten werden.
4. Danach wird der zuvor durch die 8mm - Scheibe gewolfte Schweinenacken langsam untergekuttert.
5. Die Gewürze und Zutaten müssen dabei so rechtzeitig zugegeben werden, dass sie sich noch gut mit dem Brät vermischen.
6. Die Masse füllt man dann in Rindermitteldärme und lässt die abgebundenen Jagdwürste kurz abtrocknen.
7. Anschließend räuchert man sie solange bei einer Temperatur zwischen 60°C - 70°C heiß, bis sie eine schöne hellbraune Farbe angenommen haben.
8. Zum Schluss werden die Jagdwürste Gothaer Art 30 - 45 Minuten in 75°C heißem Wasser gebrüht und dann ein paar Minuten zum Abkühlen in kaltes Wasser gelegt.

Bierbratwurst

Material für 2,5 kg Bierbratwurst

- 1,10 kg Schweinenacken
- 0,80 kg fetter Schweinebauch
- 0,60 kg Rinderschulter

Gewürze und Zutaten

- 52 g Salz
- 6,0 g weißer Pfeffer, gemahlen
- 1,2 g Macis, gemahlen
- 0,1 L Schwarzbier

Zubereitung:

1. Das Material in grobe Stücke schneiden, mit den Gewürzen und Zutaten vermischen und durch die 2mm - Scheibe des Wolfes lassen.
2. Dann das Schwarzbier zugeben und die Masse solange vermengen, bis sie gut gebunden ist.
3. Die Masse anschließend in enge Schweinedärme mit einem Kaliber von 26/28 füllen und Würste mit einem Stückgewicht von 100g abdrehen.
4. Die Bierbratwürste vor dem Verzehr braten oder grillen.

Thüringer Bratwurst

Material für 2,5 kg Thüringer Bratwurst

- 1,50 kg Schweineschulter
- 1,00 kg Schweinenackenspeck

Gewürze und Zutaten

- 55 g Salz
- 6,0 g weißer Pfeffer, gemahlen
- 2,0 g Kümmel, gemahlen
- 1,0 g Majoran, gerebelt

Zubereitung:

1. Das Fleisch und den Nackenspeck in grobe Stücke schneiden, mit den Gewürzen und Zutaten vermischen und durch die 3mm - Scheibe des Wolfes lassen.
2. Die gewolfte Masse anschließend gut vermengen, in enge Schweinedärme mit einem Kaliber von 26/28 füllen und Würste mit einem Stückgewicht von 120g abdrehen.
3. Die Thüringer Bratwürste vor dem Verzehr braten oder grillen.

Schinkenherstellung

Schinken und Schinkenarten

Als Schinken im eigentlichen Sinn wird eine ganze Schweinekeule bezeichnet oder deren Fleischteile nach der Zerlegung in Oberschale, Unterschale, Hüfte und Nuss.

Allgemein versteht man darunter gepökeltes, geräuchertes oder getrocknetes Fleisch verschiedener Tierarten.

Bei den Schinkenarten wird zwischen geräuchertem und luftgetrockneten Rohschinken sowie Kochschinken unterschieden.

Vom Fleisch zum Schinken

Pökeln

Damit ein Schinken zum Schinken wird, muss man das gut durchgekühlte Fleisch erst einmal pökeln. Dafür wird es entweder mit Nitritpökelsalz oder einer Mischung aus Salz und Salpeter eingerieben, mit Salzlake gespritzt oder in eine Salzlake gelegt.

Während des Pökelns dringen dann Pökelstoffe in das Fleisch ein, die für dessen Umrötung, Konservierung und das typische Pökelaroma sorgen.

Die Pökeldauer richtet sich nach dem Gewicht und der Form des Fleischstücks sowie danach, welcher Geschmack letztendlich erzielt werden soll.

Die Umgebungstemperatur beim Pökeln sollte ca. 5°C betragen.

Fleischstücke, die anschließend geräuchert werden sollen, müssen vorher einige Tage durchbrennen und trocknen. Der dafür vorgesehene Raum muss kühl, gut durchlüftet, aber zugfrei sein.

Um das Fleisch sicher zum Trocknen aufhängen zu können, zieht man entweder ein in unterschiedlichen Größen erhältliches Schinkennetz darüber oder sticht S-förmige Fleischerhaken bzw. Fleischerband direkt durch ein Endstück.

Trockenpöken

Beim Trockenpökeln reibt man das Fleisch mehrfach mit gebrauchsfertigen Pökelsalz (Nitritpökelsalz) oder einer Mischung aus Salz und Salpeter ein. Je nach Rezeptur mengt man auch noch zerkleinerte Gewürze bei.

Damit nicht sofort haftengebliebenes Salz trotzdem mit verwendet wird, benutzt man dafür am besten eine Schüssel.

Schinkenherstellung

Trockenpökelung

Fleischstücke mit einem geringeren Gewicht können zum Pökeln anschließend einige Tage aufgehängt werden. Schwerere Fleischstücke legt man nach dem Einreiben mit der Schwartenseite nach unten und dicht nebeneinander in ein mit etwas Pökelsalz ausgestreutes Pökelgefäß.

Je nach Gewicht werden die Fleischstücke dann mehrere Tage oder auch Wochen in einem ca. 5°C kühlen Raum gepökelt.

Für die Berechnung der Pökeldauer gibt es zwei Faustregeln:

- je Kilogramm Fleisch ca. 3 Tage **oder**
- je Zentimeter Fleischdicke ca. 1 Tag

Während des Trockenpökelns im Pökelgefäß sollte man Fleischstücke bis zu einem Gewicht von 5 kg zwei Mal und schwerere Stücke mindestens vier Mal wenden und die sich bildende Eigenlake ablassen.

Nach dem Pökeln reibt man das Salz von den einzelnen Fleischstücken ab und sie bleiben dann noch einige Tage zum so genannten „Durchbrennen“ im Pökelraum. Durch diesen Prozess wird eine gleichmäßige Salzverteilung im gesamten Pökelgut erreicht, was wiederum zu der gewünschten Umrötung und einer festeren Konsistenz führt.

Die Dauer des Durchbrennens beträgt ungefähr die Hälfte der Pökeldauer. Danach spült man das Fleisch mit lauwarmem Wasser ab und hängt es vor dem Räuchern einige Tage zum Trocknen auf.

Spritzpökeln

Beim Spritzpökeln, oder auch „Schnellpökeln“ genannt, spritzt man eine 10-12%ige Salzlake mit Hilfe einer Lakespritze in Abständen von 5cm direkt in das Fleisch. Die Menge der Lake sollte dabei 15% bis max. 20% des Fleischgewichts betragen.

Anschließend wird das Fleischstück in eine Lake mit gleicher Salzkonzentration gelegt.

Da beim Spritzpökeln der Pökelvorgang gleichmäßig von innen und außen stattfindet, ist die Pökelzeit unabhängig vom Fleischgewicht und beträgt immer 2-3 Tage.

Aufgrund der zusätzlichen Wasseraufnahme ist diese Pökelart aber nicht für die Herstellung von Rohschinken geeignet, sondern nur für solche Fleischstücke, die anschließend warm- oder heißgeräuchert werden.

Schinkenherstellung

Lakepökeln

Bei dieser Pökelart werden die Fleischstücke in eine Salzlake gelegt, die aus Wasser und Pökelsalz (Nitritpökelsalz) besteht.

Hierfür füllt man die erforderliche Menge Wasser in ein aus Kunststoff oder Edelstahl bestehendes Pökelgefäß entsprechender Größe und rührt dann das Pökelsalz solange ein, bis es sich vollständig aufgelöst hat. Anschließend gibt man das Fleischstück zu.

Dabei ist unbedingt darauf zu achten, dass das Fleisch komplett mit Lake bedeckt ist. Andernfalls könnte es verderben.

Außerdem muss die Lake die erforderliche Mindestkonzentration an Salz enthalten, die mithilfe eines Lakemessers gemessen werden kann.

Zehn Liter 10%ige Lake werden beispielsweise aus 10 Litern Wasser hergestellt, in das man 1,11 kg Nitritpökelsalz einrührt.

In der Laketabelle auf der übernächsten Seite finden Sie die genauen Mischungsverhältnisse von Pökelsalz und Wasser zur Herstellung einer bestimmten Lakekonzentration.

Auch die Zugabe von Gewürzen zur Salzlake ist üblich. Allerdings muss man diese Gewürzlake vor ihrer Verwendung zunächst aufkochen.

Dafür bringt man einen Teil der angerührten Salzlake zum Kochen, gibt dann die gewünschten Gewürze zu und lässt alles nochmals kurz aufkochen. Der sich dabei bildende Schaum ist normal und wird ganz einfach mit einer Schaumkelle abgeschöpft.

Danach muss die Gewürzlake vollkommen abkühlen, wird dann wieder in die Gesamtlake eingerührt und alles über das Fleischstück gegossen.

Die Dauer des Lakepökelns richtet sich nach dem Gewicht des Fleischstücks, nach dem Salzgrad der Lake und danach, welcher Geschmack erzielt werden soll. Je Kilogramm Fleisch beträgt sie ca. 8 Tage.

Zum Schutz vor Staub und Ungeziefer empfiehlt es sich, das Pökelgefäß die gesamte Pökeldauer über abzudecken. Damit die Lake nicht „kippt“, also schlecht wird, darf das Gefäß aber nicht luftdicht verschlossen werden.

Nach dem Lakepökeln wird das Fleisch kurz unter kaltem Wasser abgespült, trocken getupft und dann zum kompletten Abtrocknen einige Tage im Pökelraum aufgehängt. Erst wenn es richtig trocken ist, kann es geräuchert werden.

Lakepökeln

Pökelsalz ins Wasser einrühren und die Fleischstücke zugeben.

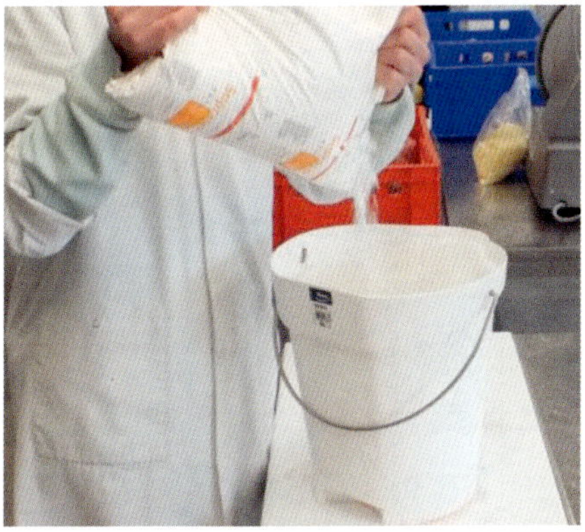

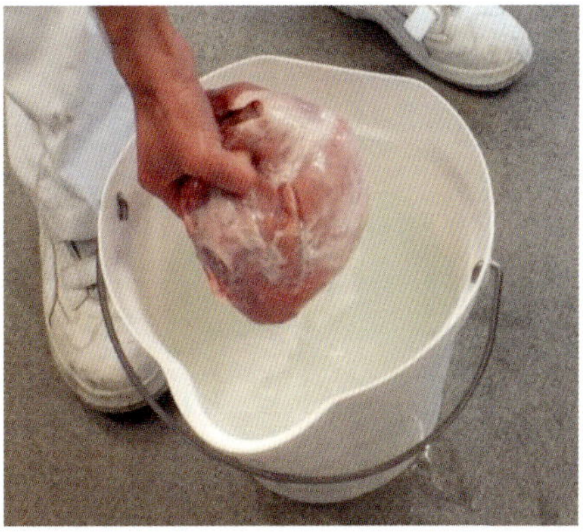

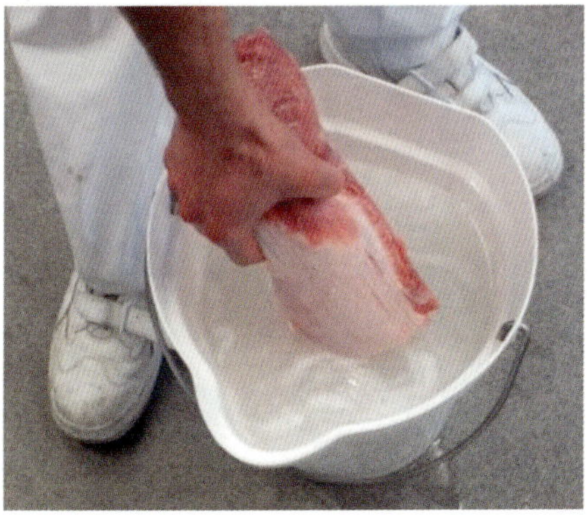

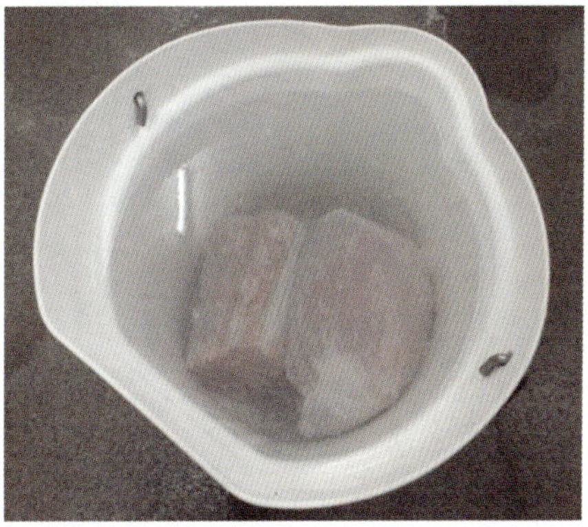

Fleisch nach dem Pökeln trocknen lassen und dann räuchern.

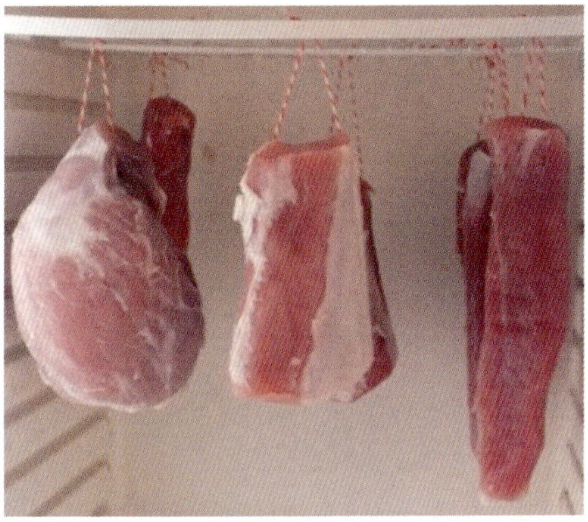

Laketabelle

Stärke der Lake in %	Wassermenge in Liter					
	2 L	4 L	5 L	6 L	8 L	10 L
	Salzmenge in Gramm					
5 %	105g	211g	263g	316g	421g	526g
6 %	128g	255g	319g	383g	511g	638g
7 %	151g	301g	376g	452g	602g	753g
8 %	174g	348g	435g	522g	696g	870g
9 %	198g	396g	495g	593g	791g	989g
10 %	222g	444g	556g	667g	889g	1111g
11 %	247g	494g	618g	742g	989g	1236g
12 %	273g	545g	682g	818g	1091g	1364g
13 %	299g	598g	747g	897g	1195g	1494g
14 %	326g	651g	814g	977g	1302g	1628g
15 %	353g	706g	882g	1059g	1412g	1765g

Räuchern

Räuchern ist eine der ältesten Konservierungsmethoden von Fleisch und sorgt dafür, dass der Schinken sein typisches Aroma und Aussehen erhält.

Es gibt drei Räucherarten: Kalträuchern, Warmräuchern und Heißräuchern.

Das zu verwendende Räuchermaterial sollte möglichst von Harthölzern wie z.B. Buche und Eiche stammen, da andere Holzarten die Keimbildung im Fleisch fördern können. Nur bei sehr wenigen Schinkensorten kommen auch Nadelhölzer als Räuchermaterial zum Einsatz.

Räuchermehl als Räuchermaterial gibt es in unterschiedlichen Körnungen. Zum Kalträuchern ist feines Räuchermehl mit einer Körnung von 0,4 mm - 1 mm empfehlenswert und zum Warmräuchern eine mittlere Körnung von 2 mm - 3 mm.

Für das Heißräuchern werden Räucherspäne verwendet.

Räucherarten

Kalträuchern

Kalträuchern erfolgt bei gleichmäßigen Temperaturen zwischen 15°C und 25°C. Die Temperatur wird durch das langsame Verglimmen von feinem Räuchermehl erreicht, das zuvor ca. 2cm hoch in den Glutkasten gefüllt und festgedrückt wurde.

Die Räucherdauer ist abhängig von der Größe des Räucherguts und kann einige Tage bis mehrere Wochen betragen.

Während des Kalträucherns sollte das Fleisch pro Tag aber nicht länger als 8 - 10 Stunden durchgängig geräuchert werden. Danach wird eine ebenso lange Räucherpause eingelegt, in der das Fleisch „ruhen“ kann.

Wichtig ist auch, dass sich die Fleischstücke im Räucherofen nicht berühren, damit der Kaltrauch überall hingelangen kann.

Beim Kalträuchern wird das Fleisch bis zur Schnittfestigkeit getrocknet und erhält ein intensiveres Räucheraroma sowie eine deutlich längere Haltbarkeit als beim Warm- oder Heißräuchern.

Nach dem Kalträuchern sollte der Schinken noch einige Tage nachreifen. Dadurch wird eine weitere Austrocknung erreicht und er bekommt eine festere Konsistenz. Zum Nachreifen hängt man ihn in einen 8°C - 12°C temperierten Raum mit guter Durchlüftung. Die Reifezeit sollte dabei mindestens der zurückliegenden Räucherdauer entsprechen.

Räucherarten

Warmräuchern

Das Warmräuchern erfolgt bei Temperaturen zwischen 30°C bis 50°C.

Dafür wird grobes Räuchermehl max. 1cm hoch in den Glutkasten gefüllt und dann entzündet.

Die Räucherdauer ist abhängig von der Fleischgröße und beträgt 1 - 24 Stunden.

Damit das Räuchergut nicht zu stark austrocknet, muss während des Räuchervorgangs für eine relative Luftfeuchtigkeit von ca. 80% gesorgt werden.

Die Vorteile des Warmräucherns bestehen darin, dass das Räuchergut schnell umrötet und ein gutes Raucharoma erhält. Ein typischer Vertreter für Warmgeräuchertes ist der klassische Kasseler.

Heißräuchern

Heiß geräuchert wird bei Temperaturen von 60°C bis 90°C, die durch das Abbrennen von Räucherspänen erreicht werden.

Die Räucherdauer ist abhängig vom Räuchergut und beträgt zwischen 1 - 3 Stunden.

Während des Räuchervorgangs sollte die relative Luftfeuchtigkeit 50% bis 60% betragen.

Heißräuchern eignet sich besonders für Fleischarten, die eine schnelle Umrötung, ein mildes Raucharoma und eine schöne Räucherfarbe erhalten sollen.

Da heißgeräucherte Fleischwaren aufgrund der fehlenden Konservierung nur eine kurze Haltbarkeit haben, müssen sie bald verzehrt werden.

Der Räucherofen

Räucherofen

Für die Räucherung kleinerer Fleischstücke, wie z.B. Filets, Lachs- oder Geflügelschinken, ist ein handelsüblicher Räucherofen mit den Mindestmaßen von ca. 120cm Höhe und ca. 40cm Breite vollkommen ausreichend.

Sollen größere Fleischstücke geräuchert werden, muss die Größe des Räucherofens entsprechend angepasst werden.

Er sollte aus Edelstahl bestehen und folgende Ausstattung aufweisen:

- mindestens zwei herausnehmbare Gitter zum Aufhängen der Fleischstücke
- mindestens vier Einschübe in unterschiedlicher Höhe für die Gitter
- einen Glutkasten mit Griff
- eine verstellbare Lüftungsklappe mit integriertem Fliegenschutz in Höhe des Glutkastens
- eine verstellbare Lüftungsklappe mit integriertem Fliegenschutz an der oberen Abdeckung des Ofens
- ein Thermometer

Burgunderschinken

Material
Schweinenuss

Lakestärke: 10 %

Zutaten je Liter Lake

1,0 g Pfeffer, gemahlen
0,5 g Piment, gemahlen
0,5 g Ingwer, gemahlen
30 g Roter Burgunder
½ Lorbeerblatt

Zubereitung

1. Durch das Einrühren von Nitritpökelsalz in Wasser eine 10%ige Lake herstellen. Die genauen Mischungsverhältnisse sind in der Laketabelle auf Seite 92 aufgeführt. Es muss so viel Lake hergestellt werden, dass das Fleisch später gut bedeckt ist.

2. Dann alle Zutaten, außer dem Wein, mit einem Teil der Lake ca.2 Minuten aufkochen, den sich eventuell gebildeten Schaum abschöpfen und die Lake nach dem Abkühlen, zusammen mit dem Wein, wieder der Gesamtlake beirühren.

3. Das Fleisch in ein geeignetes Gefäß legen, mit der Lake übergießen und zum Pökeln in einen 5°C kühlen Raum oder in den Kühlschrank stellen. Die Pökeldauer beträgt je kg Fleisch ca. 8 Tage.

4. Nach dem Pökeln das Fleisch kurz unter kaltem Wasser abspülen, trocken tupfen und ca. 3 Tage zum Trocknen aufhängen.

5. Anschließend wird der Burgunderschinken ca. 3 x 8 Stunden kalt geräuchert, wobei Räucherpausen von mindestens 8 Stunden einzulegen sind, in denen das Fleisch „ruhen“ kann.

6. Danach hängt man den Burgunderschinken zum Nachreifen in einen 8 -12°C kühlen Raum.

7. Die Reifezeit sollte mindestens der zurückliegenden Räucherdauer entsprechen.

Deftiger Kammschinken

Material
Schweinekamm

Lakestärke: 10 %

Zutaten je Liter Lake

2 g Brauner Rohrzucker
2 Pfefferkörner
2 Wacholderbeeren
1 Lorbeerblatt

Zubereitung

1. Durch das Einrühren von Nitritpökelsalz in Wasser eine 10%ige Lake herstellen. Die genauen Mischungsverhältnisse sind in der Laketabelle auf Seite 92 aufgeführt. Es muss so viel Lake hergestellt werden, dass das Fleisch später gut bedeckt ist.

2. Dann alle Zutaten mit einem Teil der Lake ca. 2 Minuten aufkochen, den sich eventuell gebildeten Schaum abschöpfen und die Lake nach dem Abkühlen wieder der Gesamtlake beirühren.

3. Den Kamm in ein geeignetes Gefäß legen, mit der Lake übergießen und zum Pökeln in einen 5°C kühlen Raum oder in den Kühlschrank stellen. Die Pökeldauer beträgt je kg Fleisch ca. 8 Tage.

4. Nach dem Pökeln den Kamm kurz unter kaltem Wasser abspülen, trocken tupfen und ca. 3 Tage zum Trocknen aufhängen.

5. Anschließend wird der Deftige Kammschinken ca. 3 x 8 Stunden geräuchert, wobei Räucherpausen von mindestens 8 Stunden einzulegen sind, in denen das Fleisch „ruhen“ kann.

6. Danach hängt man den Schinken zum Nachreifen in einen 8 -12°C kühlen Raum.

7. Die Reifezeit sollte mindestens der zurückliegenden Räucherdauer entsprechen.

Korianderschinken

Material
Schweineunterschale mit Schwarte

Zutaten je kg Fleisch

30 g Meersalz
10 g Nitritpökelsalz
2 g Traubenzucker
2 g Rohrzucker
2 g schwarzer Pfeffer
2 g Koriander, gemahlen
4 Wacholderbeeren, zerstoßen

Zubereitung

1. Alle Zutaten miteinander vermischen und die Schweineunterschale gut mit der Pökelsalzmischung einreiben.

2. Dann die Unterschale in ein geeignetes Gefäß legen und, je nach Fleischdicke, ca. 6-8 Tage in einen ca. 5°C kühlen Raum oder in den Kühlschrank stellen.

3. Anschließend das Salz abreiben und das Fleisch einige Tage zum Durchbrennen in einen ca. 10°C kühlen Raum stellen oder hängen.

4. Nach dem Durchbrennen das Fleisch 2-4 Stunden in kaltem Wasser wässern, dann 3 Tage zum Trocknen aufhängen und anschließend im Kaltrauch räuchern.

5. Die Räucherdauer ist abhängig von der Außen- und Räuchertemperatur und beträgt ca. 4 x 8 Stunden.

6. Zwischen den einzelnen Räuchergängen sind Räucherpausen von mindestens 8 Stunden einzulegen in denen das Fleisch „ruhen“ kann.

7. Danach hängt man den Korianderschinken zum Nachreifen in einen 8-12°C kühlen Raum.

8. Die Reifezeit sollte mindestens der zurückliegenden Räucherdauer entsprechen.

Feiner Bauchspeck

Material

Schweinebauch ohne Knochen

Zutaten je kg Fleisch

27 g Meersalz
8 g Traubenzucker
2 g Traubenzucker
2 g Rohrzucker
2 g weißer Pfeffer
1 g Knoblauchpulver
1 g Koriander, gemahlen
1 g Ingwer, gemahlen

Zubereitung

1. Alle Zutaten miteinander vermischen und den Schweinebauch gut mit der Pökelsalzmischung einreiben.

2. Dann den Schweinebauch in ein geeignetes Gefäß legen und, je nach Fleischdicke, 3-4 Tage in einen ca. 5°C kühlen Raum oder in den Kühlschrank stellen.

3. Anschließend das Salz abreiben und das Fleisch einige Tage zum Durchbrennen in einen ca. 10°C kühlen Raum stellen oder hängen.

4. Nach dem Durchbrennen das Fleisch 1-2 Stunden in kaltem Wasser wässern, dann 3 Tage zum Trocknen aufhängen und anschließend im Kaltrauch räuchern.

5. Die Räucherdauer ist abhängig von der Außen- und Räuchertemperatur und beträgt ca. 3 x 8 Stunden.

6. Zwischen den einzelnen Räuchergängen sind Räucherpausen von mindestens 8 Stunden einzulegen in denen das Fleisch „ruhen“ kann.

7. Anschließend hängt man den Bauchspeck zum Nachreifen in einen 8-12°C kühlen Raum.

8. Die Reifezeit sollte mindestens der zurückliegenden Räucherdauer entsprechen.

Semerschinken

Material

Semerrolle ohne Fett

Zutaten je kg Fleisch

30 g Meersalz
10 g Nitritpökelsalz
2,0 g Traubenzucker
2,0 g Rohrzucker
2,0 g schwarzer Pfeffer
0,5 g Koriander, gemahlen
0,3 g Macis, gemahlen

Zubereitung

1. Alle Zutaten miteinander vermischen und die Semerrolle gut mit der Pökelsalzmischung einreiben.

2. Dann das Fleisch in ein geeignetes Gefäß legen und, je nach Fleischdicke, ca. 4-5 Tage in einen ca. 5°C kühlen Raum oder in den Kühlschrank stellen.

3. Anschließend das Salz abreiben und das Fleisch einige Tage zum Durchbrennen in einen ca. 10°C kühlen Raum stellen oder hängen.

4. Nach dem Durchbrennen das Fleisch 2-4 Stunden in kaltem Wasser wässern, dann 3 Tage zum Trocknen aufhängen und anschließend im Kaltrauch räuchern.

5. Die Räucherdauer ist abhängig von der Außen- und Räuchertemperatur und beträgt ca. 3 x 8 Stunden.

6. Zwischen den einzelnen Räuchergängen sind Räucherpausen von mindestens 8 Stunden einzulegen in denen das Fleisch „ruhen“ kann.

7. Anschließend hängt man den Schinken zum Nachreifen in einen 8-12°C kühlen Raum.

8. Die Reifezeit sollte mindestens der zurückliegenden Räucherdauer entsprechen.

Knüppelschinken

Material

Rindertafelspitz
ohne Fett

Zutaten je kg Fleisch

30 g Meersalz
10 g Nitritpökelsalz
2 g Traubenzucker
2 g Rohrzucker
2 g weißer Pfeffer
1 g Koriander, gemahlen
½ Lorbeerblatt, fein gehackt

Zubereitung

1. Alle Zutaten miteinander vermischen und den Rindertafelspitz gut mit der Pökelsalzmischung einreiben.

2. Dann das Fleisch in ein geeignetes Gefäß legen und, je nach Fleischdicke, 5-6 Tage in einen ca. 5°C kühlen Raum oder in den Kühlschrank stellen.

3. Anschließend das Salz abreiben und den Tafelspitz einige Tage zum Durchbrennen in einen ca. 10°C kühlen Raum stellen oder hängen.

4. Nach dem Durchbrennen das Fleisch 2 - 4 Stunden in kaltem Wasser wässern, dann 3 Tage zum Trocknen aufhängen und anschließend im Kaltrauch räuchern.

5. Die Räucherdauer ist abhängig von der Außen- und Räuchertemperatur und beträgt ca. 3 x 8 Stunden.

6. Zwischen den einzelnen Räuchergängen sind Räucherpausen von mindestens 8 Stunden einzulegen in denen das Fleisch „ruhen" kann.

7. Anschließend hängt man den Knüppelschinken zum Nachreifen in einen 8-12°C kühlen Raum.

8. Die Reifezeit sollte mindestens der zurückliegenden Räucherdauer entsprechen.

Rauchfleisch vom Rind

Material
Rinderunterschale

Lakestärke: 10 %

Zutaten je Liter Lake

3	Senfkörner
2	Koriandersamen
2	Pfefferkörner
½	Lorbeerblatt
25 ml	Rotwein, feinherb

Zubereitung

1. Durch das Einrühren von Nitritpökelsalz in Wasser eine 10%ige Lake herstellen. Die genauen Mischungsverhältnisse sind in der Laketabelle auf Seite 92 aufgeführt. Es muss so viel Lake hergestellt werden, dass das Fleisch später gut bedeckt ist.

2. Dann alle Zutaten, außer dem Rotwein, mit einem Teil der Lake ca.2 Minuten aufkochen, und den sich eventuell gebildeten Schaum abschöpfen.

3. Wenn die Lake bis auf Handtemperatur abgekühlt ist den Rotwein einrühren und danach alles wieder der Gesamtlake beirühren.

4. Die Unterschale in ein geeignetes Gefäß legen, mit der Lake übergießen und zum Pökeln in einen 5°C kühlen Raum oder in den Kühlschrank stellen. Die Pökeldauer beträgt je kg Fleisch ca. 8 Tage.

5. Nach dem Pökeln die Unterschale kurz unter kaltem Wasser abspülen, trocken tupfen und ca. 3 Tage zum Trocknen aufhängen.

6. Anschließend wird das Rauchfleisch ca. 4 x 8 Stunden geräuchert, wobei Räucherpausen von mindestens 8 Stunden einzulegen sind, in denen das Fleisch „ruhen“ kann.

7. Danach hängt man den Schinken zum Nachreifen in einen 8 -12°C kühlen Raum.

Bildnachweis

- **Fotos von Tom Nagel:** Coverfotos oben
  Seite: 13, 14, 30, 31, 46, 47, 61, 62, 63, 78, 79, 91

- **Fotos von „Bigstockphoto“:** Coverfoto unten
  Seite: 1, 3, 4, 12, 29, 45, 56, 57, 58, 67, 68, 69, 71, 73, 74, 77, 86, 87, 94, 95

Haftungsausschluss

Sachwortregister